엄마, e스포츠 좀 할게요!

김성호 글 | 이경석 그림

작가의 말

예전에 학교 앞 문방구 입구에는 꼭 게임기가 놓여 있었습니다. 50원을 넣으면, 뿅뿅 소리를 내면서 게임이 시작되었지요. 색깔도 달랑 하나고, 오늘날 게임에 비하면 조잡하고 단순하기 그지없지만, 게임기의 탄생은 당시 어린이들에게는 그야말로 혁명적인 사건이었어요. 골목에 모여서 하는 구슬치기, 술래잡기가 유일한 즐거움인 시절이었으니까요.

시간이 흐르면서 게임은 좀 더 정교하고 그래픽도 세련되어졌어요. 게임기를 잔뜩 갖다 놓은 영업장도 생겼고요. 초등학생은 물론, 대학생에서 직장인들까지 벌게진 눈으로 게임에 몰두했지요. 하지만 딱 거기까지였어요. 게임을 잘한다고 유명해지지도 않았고, 게임으로 돈을 벌 수도 없었어요. 유명해기는커녕 게임 때문에 공부를 안 한다고 부모님께 등짝 맞기 일쑤였어요. 게임의 목적은 재미를 위해, 혹은 스트레스를 풀기 위함이었지요. 그래서 이름도 '전자오락'이었어요. 그러나 어린이 여러분이 더 잘 알겠지만, 오늘날 게임의 위상은 크게 달라졌어요.

야구, 축구, 농구 등 한국에는 다양한 스포츠 선수들이 있습니다. 유명한 선수들은 이름값에 걸맞은 높은 연봉을 받지요. 그렇다면 2020년 기준, 국내에서 활약 중인 스포츠 선수들 중 최고액 연봉자는 누구일까요? 정답은 스물셋의 이상혁 선수로 무려 50억 원입니다.

응? 이상혁이 누군데? 대체 어떤 스포츠 선수이기에? 사실 그는 본명보다는 '페이커'라는 이름으로 더 유명합니다. 페이커는 게임을 할 때 사용하는 닉네임이에요. 사람들은 페이커와 같은 선수를 ' 프로 게이머'라고 부릅니다.

페이커는 '리그 오브 레전드(줄여서 '롤')'라는 게임을 하는 선수예요. 월간 접속자 수 1억 명 이상, 국제 대회가 열리면 매년 3억 6천만 명이 넘는 사람들이 시청할 정도로 세계 최고의 게임입니다. 농구에 마이클 조던이 있고, 축구에 리오넬 메시가 있다면, 게임은 단연 '페이커'입니다. 해외 게임 유저들은 그를 '신'이라 부르며 추앙하고 있습니다.

많은 청소년들이 제2의 페이커를 꿈꾸며 프로 게이머가 되고 싶어 해요. 게임이 인기를 얻고, 프로 게이머 지원자가 증가하면서 프로 게임단이 속속 창단되었어요. 높은 상금을 내건 게임 대회들이 생겨나고, 게임 방송국이 출범했어요. 대기업들도 앞다투어 게임 산업에 막대한 투자를 하고 있어요. 이제 전자오락이라는 단어는 빠르게 사라지고, 대신 새로운 이름이 생겼습니다. 우리는 그것을 'e스포츠'라 부릅니다.

이 책은 e스포츠와 관련된 재미있는 사례 위주로 엮었습니다. 이 책을 읽은 모든 분들이 e스포츠에 흥미를 느끼기를 바랍니다.

끝으로 하나 밝혀 두고 싶습니다. 본문에 나오는 '게임'이란 용어는 보드 게임이나 운동 경기까지 포괄하는 의미가 아닙니다. 대부분 '컴퓨터 및 전자 장비를 이용한 전자 게임'을 의미합니다.

2021년 1월, 원주에서
김성호

차례

작가의 말   4

00 e스포츠 한눈에 보기   9

01 프로 게이머의 일상을 따라가 볼까?   21

7월 15일 진짜 프로 게이머가 될 거야!   22
8월 3일 왜, 내가 아닌 거야!   24
9월 30일 프로 팀의 스카우트 제의를 받긴 했는데….   26
10월 11일 소양 교육 따윈 대체 왜 하는 거야!   28
다음 해, 4월 25일 연습, 연습, 또 연습   30
9월 2일 그만두면 될 거 아냐!   32
9월 12일 아, 되는 일이 없다   34
일 년 후, 어느 날 이젠 '진짜' 프로 게이머!   36
프로 게이머의 고백   38

02 e스포츠는 어떻게 시작됐을까?   41

비디오 게임 전성시대   44
인터넷 카페의 원조, 랜 파티   46
최초의 프로 게이머, 데니스 퐁   50
e스포츠란 용어로 통일하다   52
게임은 모두 다 e스포츠다?   54
문화에 따라 게임도 달라진다   56

03 한국이 e스포츠 종주국이라고? 59

PC방 팀, 프로 게이머를 낳다 62
게임, 햇빛 가운데로 나오다 64
두둥, 임요환의 등장 66
기피 대상 1호, 한국 게이머 70
e스포츠 종주국, 한국 72
e스포츠 제2의 전성기 74
e스포츠의 월드컵, 롤드컵 76

04 게임 산업의 규모가 어마어마하다고? 79

e스포츠는 어떻게 돈을 벌까? 82
e스포츠의 경제적 효과 84
e스포츠 산업이 낳은 직업들 88

05 그래서 게임이 해롭다고, 이롭다고? 91

게임 중독 논란은 현재 진행형 94
게임 규제 논란도 현재 진행형 96
게임을 활용한 교육 98

06 결국 e스포츠가 스포츠야, 아니야? 101

스포츠란 무엇일까? 104
e스포츠가 해결해야 할 과제 106
e스포츠를 대하는 우리의 자세 110

*이 장의 통계 자료는 「2019 대한민국 게임백서」를 참고하였습니다.

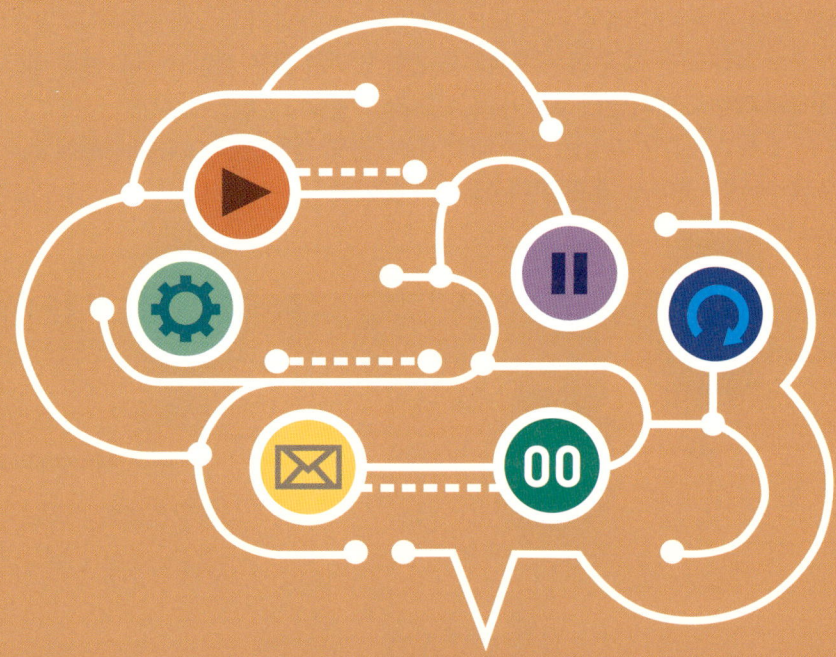

e스포츠
한눈에
보기

1. 대표적인 국제 e스포츠 대회

1) '리그 오브 레전드' 리그

한국을 포함, 많은 나라에서 '리그 오브 레전드'라는 게임의 리그를 운영하고 있습니다. '리그 오브 레전드'는 요즘 전 세계적으로 한창 인기가 많은 게임입니다. 한국 리그 이름은 '리그 오브 레전드 챔피언스 코리아'로, LCK라고 합니다. 게임 개발사인 라이엇 게임즈는 매년 세계 최고의 팀을 가리는 국제 대회, 'LoL 월드 챔피언십' 대회를 개최해요. 우리나라에서는 줄여서 '롤드컵'이라고도 부릅니다.

지역	리그 이름	비고
한국	LCK	챔피언십 리그 (LoL 월드 챔피언십에 바로 진출할 수 있는 최상위 지역의 프로 리그)
북미	LCS	
중국	LPL	
유럽	LEC	
브라질	CBLOL	마이너 리그 (챔피언십 리그가 배정되지 않은 지역의 리그)
라틴 아메리카	LLA	
일본	LJL	
오세아니아	OPL	
독립 국가 연합	LCL	
베트남	VCS	
동남아시아(싱가포르, 말레이시아, 필리핀, 태국, 인도네시아, 대만, 홍콩, 마카오)	PCS	
터키	TCL	

2) '오버 워치' 리그

'오버 워치'라는 게임의 리그는 미국 메이저 리그(야구)와 흡사합니다. 대부분의 게임 대회는 기간이 1달 정도인데 비해, '오버 워치' 리그는 2월에 시작해 10월에 끝나는 장기 레이스입니다. 프로 야구처럼 중간에 올스타전도 있고, 정규 시즌이 종료되면 상위 팀끼리 격돌해서 우승 팀을 가리는 포스트 시즌도 있습니다. 리그는 도시를 연고로 하여 진행됩니다.

대서양 콘퍼런스	
남부 디비전	북부 디비전
애틀랜타 레인(미국)	뉴욕 엑셀시어(미국)
워싱턴 저스티스(미국)	런던 스핏파이어(영국)
플로리다 메이헴(미국)	보스턴 업라이징(미국)
필라델피아 퓨전(미국)	토론토 디파이언트(캐나다)
휴스턴 아웃로즈(미국)	파리 이터널(프랑스)
태평양 콘퍼런스	
동부 디비전	서부 디비전
광저우 차지(중국)	LA 글래디에이터즈(미국)
상하이 드래곤즈(중국)	LA 발리언트(미국)
서울 다이너스티(한국)	댈러스 퓨얼(미국)
청두 헌터즈(중국)	밴쿠버 타이탄즈(캐나다)
항저우 스파크(중국)	샌프란시스코 쇼크(미국)

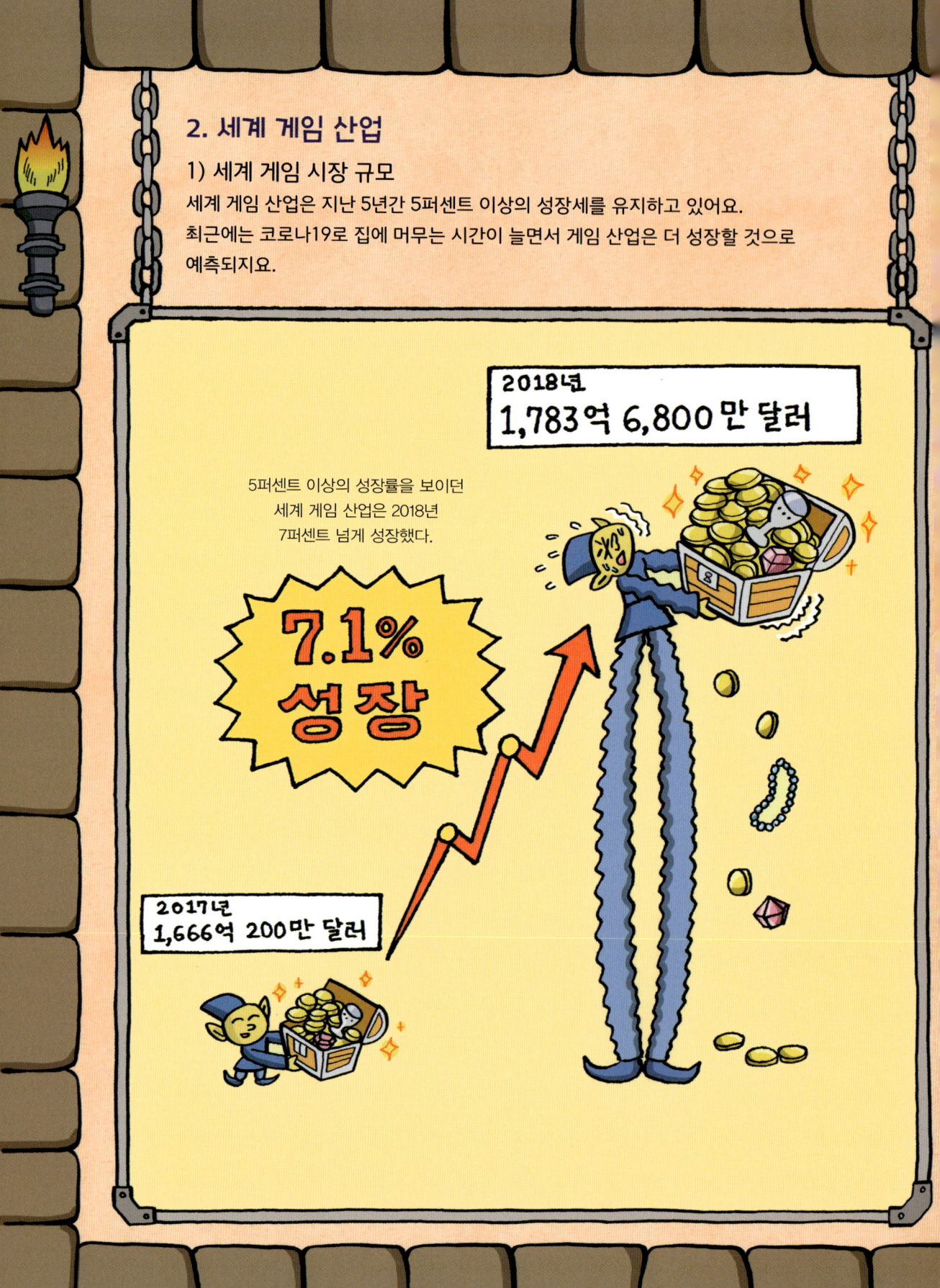

2) 세계 e스포츠 산업 규모

세계 e스포츠 산업은 매년 30퍼센트 이상의 고성장을 유지하고 있답니다. 엄청나게 빠른 성장을 보이기 때문에 미래 유망 산업으로도 각광받고 있지요.

3) 세계 게임 시장 국가별 점유율

유명 게임 제작사가 즐비한 미국이 부동의 1위, 무섭게 성장 중인 중국이 2위, 비디오 게임의 왕자인 일본이 3위를 차지하고 있어요. 한국도 꾸준히 상위권을 유지하고 있지요.

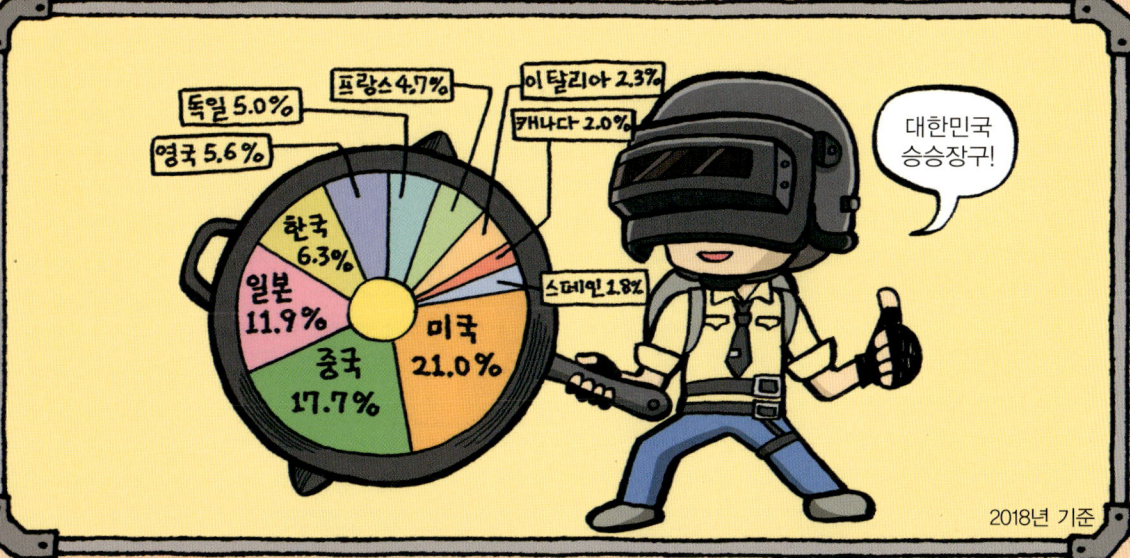

2018년 기준

*출처: 「2019 대한민국 게임 백서」

4) 세계 게임 플랫폼별 역사와 규모

1960년대 처음으로 아케이드 게임이 선을 보였고 1970년대부터 1990년대까지는 콘솔 게임의 전성기였지요. 그런데 1990년대 이후에는 집집마다 PC를 갖추게 되면서 PC용 게임이 인기를 얻기 시작했고, 20세기 말부터 인터넷이 널리 보급되면서 온라인용 게임이 큰 인기를 얻었습니다. 21세기에 들어서 스마트폰이 대중화되면서부터는 모바일 게임이 크게 성장 중이에요.

아케이드 게임
327억 900만 달러

콘솔 게임
489억 6800만 달러

*아케이드 게임과 콘솔 게임에 대한 설명은 이 책 24쪽을 참고하세요.

PC 게임
328억 700만 달러

모바일 게임
638억 8400만 달러

2018년 기준

3. 국내 게임 산업

1) 국내 게임 시장의 플랫폼별 비중

전통적으로 한국은 콘솔 게임 시장이 작고, 온라인 PC 게임이 강한 나라였어요. 최근에는 PC 게임이 살짝 주춤한 틈을 타 스마트폰을 이용한 모바일 게임이 무섭게 치고 올라오고 있어요. 통계를 보면 절반 넘는 비중을 차지하고 있답니다.

콘솔 게임 4.3%
아케이드 게임 1.5%
PC 게임 40.5%
모바일 게임 53.7%

2018년 기준

*출처: 「2019 대한민국 게임 백서」

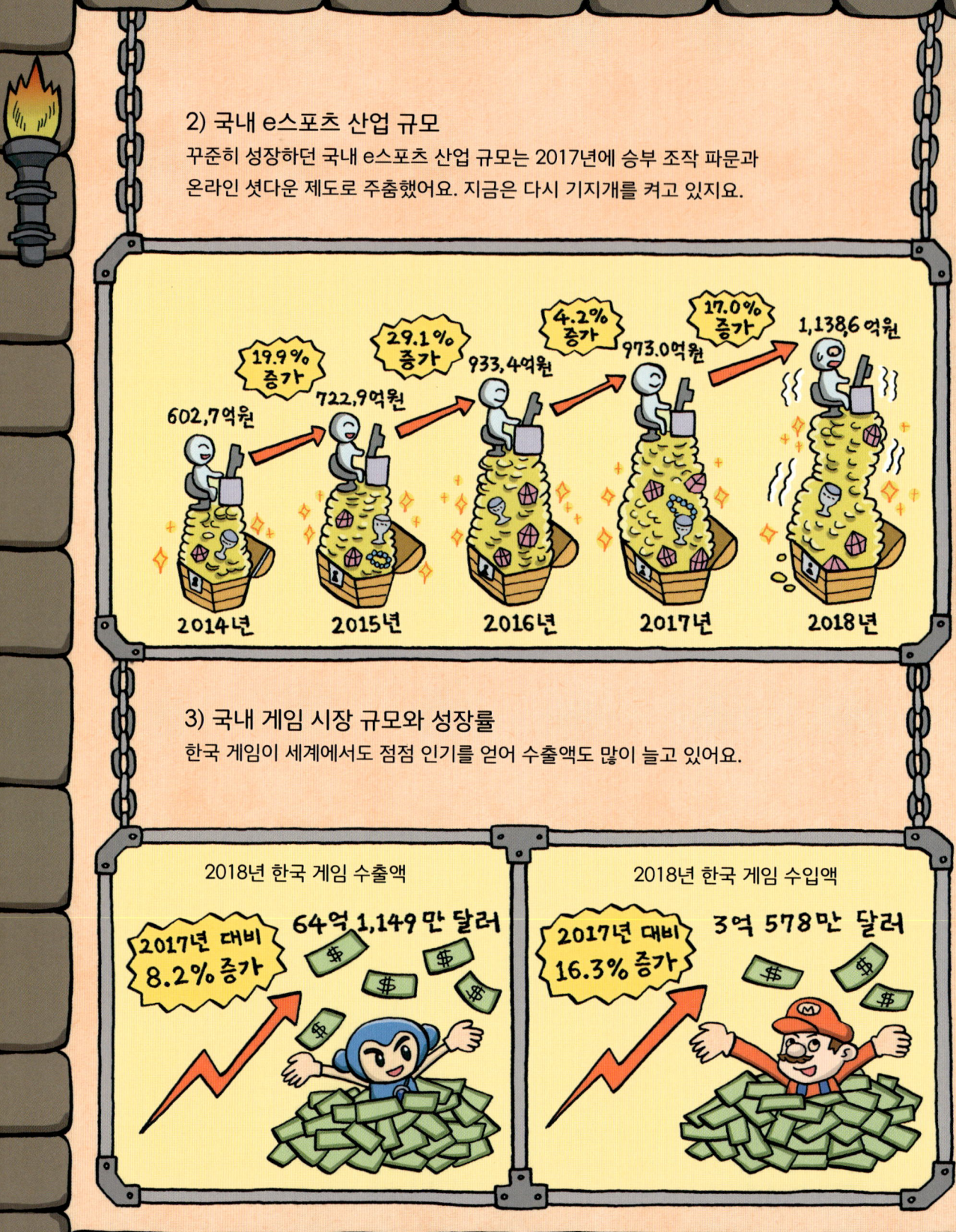

4. 2018년 세계 모바일 게임 매출 순위

모바일 게임에서 아시아 나라들이 강세를 보이고 있어요. 5위인 캔디크러쉬사가(영국)를 제외한 1위부터 4위까지는 일본과 중국 개발사가 만든 게임이에요. 한국 게임도 큰 인기를 끌면 좋겠지요?

순위	게임명	개발사(제작사)
1	포켓몬 고	나이언틱(일본)
2	아너 오브 킹즈	텐센트(중국)
3	페이트/그랜드 오더	딜라이트 웍스(일본)
4	라스트 쉘터	IM30 TECHNOLOGY LIMITED(중국)
5	캔디크러쉬사가	킹(영국)

*출처:「2019 대한민국 게임 백서」

5. 게임의 여러 장르

게임은 플레이 형태와 경쟁 요소 등의 기준에 따라 다양한 장르가 있어요.
크게 나누면 다음의 5가지랍니다.

① RPG (Role Playing Game) 역할 수행 게임

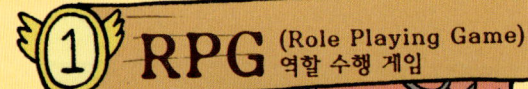

게임 참여자가 캐릭터를 연기하며 즐기는 역할 수행 게임이에요. 대표적인 게임으로 '디아블로'가 있어요.

② MORPG (Multiplayer Online Role Playing Game) 다중 사용자 온라인 역할 수행 게임

5명 이내의 참여자가 자신들의 공간을 만들어 스테이지를 하나씩 돌파하는 게임이에요. 대표적인 게임은 '던전앤파이터'예요.

③ MMORPG (Massively Multiplayer Online Role Playing Game) 대규모 다중 사용자 온라인 역할 수행 게임

MORPG보다 많은 수의 참여자가 다중 접속해서 즐기는 온라인 게임이에요. 대표적인 게임으로 '메이플스토리'가 있어요.

여러분이 특히 좋아하는 게임은 어떤 장르인지 살펴보세요.

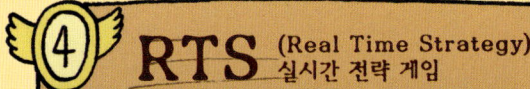
④ RTS (Real Time Strategy)
실시간 전략 게임

해석하면 '실시간 전략 게임'이에요. 실시간으로 자원을 채취해 건물을 짓고 병력을 뽑아 전투를 하는 게임이지요. 대표적인 게임은 '스타크래프트'예요.

⑤ MOBA (Multiplayer Online Battle Arena)
팀 대항 온라인 전장 게임

격투기 게임과 섬이나 요새를 빼앗기 위한 싸움인 공성전이 결합된 팀 게임이에요. 대표적인 게임으로 '리그 오브 레전드'가 있어요.

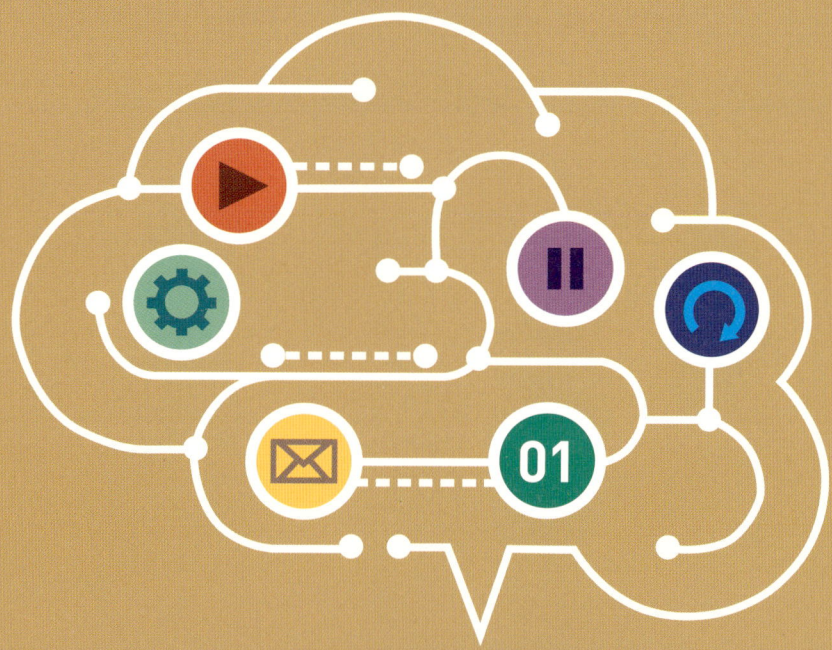

프로 게이머의
일상을
따라가 볼까?

7월 15일 진짜 프로 게이머가 될 거야! 날씨

게임은 20분 만에 우리 팀의 승리로 끝났다.
상대는 채팅으로 패배를 인정했다.

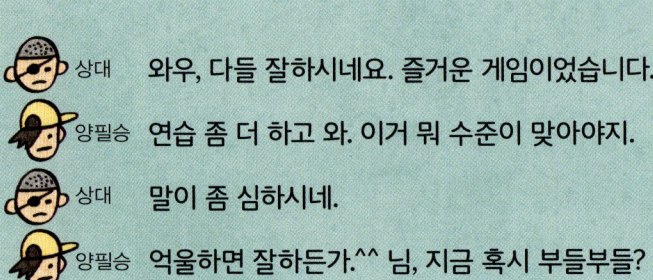

상대　와우, 다들 잘하시네요. 즐거운 게임이었습니다.
양필승　연습 좀 더 하고 와. 이거 뭐 수준이 맞아야지.
상대　말이 좀 심하시네.
양필승　억울하면 잘하든가.^^ 님, 지금 혹시 부들부들?
상대　진짜 매너 없으시네.

실력 없는 것들이 매너나 예절을 따지는 법. 열등감 폭발하는 인간들 놀려 먹는 게 아주 그냥 꿀잼이다!

저녁 7시. 팀원들과 PC방을 나왔다. 더 놀고 싶지만 게임비가 모자란다. 집에나 가야겠다.

"역시 우리는 천하무적 팀이야."

"전국 대회에 한번 나가 볼까? 우리 정도면 우승할 거 같지 않냐?"

팀원이자 친구인 현수와 명진이가 떠들어 댔다. 어이가 없었다.

우리가 잘하는 게 아니라, 내가 잘하는 거야. 솔직히 너희가 한 게 뭐 있어?

슬슬 이 녀석들과도 헤어질 때가 된 것 같다. 나는 전국 대회 따위에는 관심 없다. 허접한 아마추어들이나 모이는 대회에서 1등 하는 게 무슨 의미야? 나는 너희들이랑 레벨이 달라. 이 몸은 진짜 프로 게이머가 될 거란 말이다. 페이커 형(한국인 롤 게이머, 이상혁)처럼 유명해지고 돈도 많이 벌 거라고.

8월 3일 왜, 내가 아닌 거야!

날씨

나 양필승의 꿈은 프로 게이머다. 난 온라인상에서 소문난 게이머이니 그 꿈은 멀지 않다! 내가 하는 게임은 리그 오브 레전드.

그 첫걸음으로 오늘 프로 게임단 공개 테스트에 참여한다. 아자!

합격하면 진짜 프로 게이머가 되는 거다. 프로 팀의 스카우트 제의를 받아서 게이머가 될 수도 있지만, 난 온라인상에서만 소문난 아마추어라 스카우트 제의가 들어온 건 아니니 우선 공개 테스트를 보는 거지.

이런, 현수와 명진이도 테스트에 참가했지 뭐야.

주제도 모르는 녀석들. 그 실력에 무슨 프로 게이머를 넘보는 거야?

그건 그렇고 진짜 사람이 많다. 한 이백 명은 넘어 보인다. 다들 게임 엄청 잘하게 생겼다. 현수가 명진이에게 소곤거렸다.

"아는 프로 게이머 출신 형한테 들었는데, 공개 테스트에서는 많아야 한두 명만 뽑는대."

"정말? 진짜 장난 아니다."

명진이는 벌써 자신 없다는 표정이었다. 솔직히 나도 겁이 났다.

200명 중에 한두 명이 뽑힌다는 건 경쟁률이 100대 1이 넘는 거잖아?

"지금부터 공개 테스트를 시작하겠습니다."

내 순서가 되어 컴퓨터 앞에 앉았다. 롤은 다섯 명이 하는 게임이다. 처음 보는 네 명과 한 팀이 되어 역시 처음 보는 상대 팀 다섯 명과 대결하는 것이다.

"감독님, 저 친구 제법 잘하는데요?"

"흠. 그렇군."

등 뒤에서 나의 시합을 지켜보던 감독님과 코치님이 소곤대는 소리가 들렸다. 자신감이 마구 샘솟았다. 게임 결과도 완벽했다. "됐어!" 나는 합격을 확신했다.

이틀 후, 구단 홈페이지에 테스트 결과가 떴다. 최종 합격자는 2명, 거기에 내 이름은 없었다. 대신 익숙한 이름이 보였다. 명진이었다.

말도 안 돼!

| 9월 30일 | 프로 팀의 스카우트 제의를 받긴 했는데…. | 날씨 |  |

    오늘 모르는 아저씨에게 전화를 받았다.

    "나는 게임 프로 팀 감독이야. 저번에 공개 테스트하던 날 나도 거기 있었거든. 우연히 너의 플레이를 봤는데 잘하더구나. 우리 팀에 들어올 생각은 없니?"

    귀를 의심했다.

    이건 스카우트잖아! 나를 모셔가려고 프로 팀 감독이 전화를 걸다니! 하하, 역시 나란 사람! 공개 테스트는 통과하지 못했어도 이렇게 영입 제안을 받아 프로 게이머가 되는구나! 그러니까 말야. 다들 나를 못 알아보고! 쯧쯧쯧.

    흥분을 억누르고 무슨 팀이냐고 물었다.

    그런데 감독님의 대답을 듣고 나도 모르게 하아, 실망이 한숨이 되어 나왔다. 팀 이름이 어째 낯설다 했더니 2부 리그 소속이었다.

    롤에는 1부 리그와 하위 리그인 2부 리그가 있다. 2부 리그는 중계도 별로 없고 연봉도 쥐꼬리다. 당연히 사람들의 관심도 낮다. 자존심이 상했다. 명진이는 1부 리그 팀 선수가 되었는데 나는 2부 리그 팀이라니.

    "하하, 실망했니?"

    내 한숨이 들렸는지 감독님이 물었다.

    "……."

"2부 리그 팀도 성적만 좋으면 언제든지 1부 리그로 올라갈 수 있어."

감독님의 말에 나는 깜짝 놀랐다. 모르던 사실이다!

"뭐야? 프로 게이머를 꿈꾼다더니, 승강전도 모르니?"

승강전? 감독님이 차근차근 설명해 주셨다. 우리나라 롤 리그는 1부 리그인 롤 챔피언스 코리아(줄여서 '롤챔스')와 2부 리그인 롤 챌린저스 코리아(줄여서 '롤챌스'), 이렇게 두 가지다. 두 리그 모두 봄에 시즌을 시작해 가을에 끝난다. 나도 그건 알고 있다.

그런데 1부 리그 하위 2팀과 2부 리그 상위 2팀, 이렇게 4팀이 대결을 벌여 성적이 가장 좋은 2팀은 1부 리그로, 나머지 2팀은 2부 리그로 간단다. 이것이 승강전이란다. 승강전을 하는 이유는 1부 리그 팀에게는 긴장감을, 2부 리그 팀에게는 1부 리그로 올라갈 수 있다는 희망을 주어 리그 전체의 수준을 끌어올리기 위해서라고 한다.

10월 11일 소양 교육 따윈 대체 왜 하는 거야!

날씨

　며칠 후 감독님이 우리 집을 방문하셨다. 나 같은 미성년자가 프로 게이머가 되려면 부모님의 동의가 필요하다. 아버지는 "공부해야지! 무슨 게이머!" 하며 펄펄 뛰셨다. 감독님은 끈질기게 아빠를 설득하셨다. 필승이는 재능이 뛰어나다, 게이머도 충분히 좋은 직업이 될 수 있다 등. 지켜보던 엄마까지 내 편을 들자 아버지는 한숨을 쉬셨다.

　"그렇게 프로 게이머가 되고 싶니?"

　"네."

　"알겠다. 대신 한번 시작하면 포기는 없는 거다, 알았지?"

　아싸! 하지만 기뻐하기는 아직 이르다. 입단했다고 바로 프로 게이머가 되는 건 아니니까. e스포츠 협회에서 실시하는 기본 소양 교육인가 뭔가를 받아야 프로 게이머가 될 수 있다나? 난 수업 받는 건 질색인데!

　교육 장소는 굉장히 큰 강당이었다. 많은 신인 프로 게이머들이 참석했다. 나 같은 일반인이 프로 게이머가 되는 방법은 여러 가지다. 공인 게임 대회에서 좋은 성적으로 입상하거나 공개 테스트를 통과하거나 나처럼 스카우트를 받는 것이다. 과정은 달라도 소양 교육을 받아야 하는 것은 같다.

　명진이 얼굴도 보였다. 같은 팀원들과 함께였는데 1부 리그 선수들이라 그럴까? 말투와 행동에서 자부심과 여유가 묻어났다. 괜히 나 자신이 초라하게 느껴졌다.

"필승아, 너도 왔구나."

나를 발견한 명진이가 환한 얼굴로 다가왔다.

"너도 프로 팀에 들어갔다며? 축하해."

축하한다고? 내가 2부 리그 선수라고 놀리는 것처럼 들렸다. 배알이 꼴렸다. 김명진, 너 너무 잘난 체하지 마라. 기다려. 나중에 내가 널 꼭 밟아 줄 거니까.

교육은 역시 지루했다. 강사는 e스포츠의 역사와 현황, 프로 선수가 갖춰야 할 마음가짐과 예의, 프로 선수가 받는 상금과 연봉, 인센티브 등에 대해 설명했다.

대체 마음가짐, 예의 이딴 교육은 왜 하는지 모르겠다. 프로 선수는 성적만 좋으면 그만 아닌가? 난 상금, 연봉, 인센티브에만 관심 있다고.

강사가 뭐라 떠들든 대충 한 귀로 흘려들었다.

다음 해, 4월 25일 · 연습, 연습, 또 연습 · 날씨

아, 피곤해.

마우스를 잡은 손에 힘이 들어가질 않는다. 졸음이 밀려와 컴퓨터 화면도 흐릿하게 보인다.

새벽 3시, 연습실은 선수들이 두드리는 키보드 소리와 딸깍거리는 마우스 소리로 가득하다. 우리 팀은 합숙을 한다. 숙소에서 자고, 숙소에 마련된 식당에서 밥을 먹고, 연습은 게임단 연습실에서 한다. 감독님은 연습실 벽에 피자처럼 생긴 일과표를 붙여 놓았다. 일과표가 시키는 대로 우리는 하루에 열다섯 시간 정도 게임을 한다. 처음에는 좋아하는 게임을 실컷 할 수 있으니 근사하다고 생각했는데 지금은 게임이 공부보다 더 지겹다.

쳇, 만날 연습만 시키고, 시합에는 언제 내보내 주려나.

입단한 지 반년이 지났는데도 대회는 구경도 못 해 봤다. 나처럼 갓 들어온 후보들에게는 좀처럼 출전 기회가 주어지지 않는다. 감독님은 대체 눈이 있는 걸까? 나 같은 인재를 썩히고 있다니. 이러니 팀이 2부 리그를 못 벗어나지. 주전 형들은 나이만 많지 실력은 별로다. 두고 봐라, 내가 저 무능한 형들을 밀어내고 주전 멤버가 될 테다.

9월 2일 그만두면 될 거 아냐!   날씨

    다음 주에 부산에서 승강전이 있다. 이번에 우리 팀이 4팀 중 2위 안에만 들면 1부 리그 승격이다.
    "부산 대회에 나갈 멤버 5명은 자체 테스트를 거쳐 선발한다."
    오오! 드디어 기다리던 기회가 온 건가? 제대로 실력을 보여서 감독님 눈에 들고 말 거야!
    그런데…….
    "야, 필승이 뭐 해? 왜 안 도와줘?"
    "야, 네가 맵을 밝혀 줘야지, 시야가 컴컴하잖아."
    같은 팀원들이 내게 마구 잔소리를 한다.
    뭐라는 거야? 지들이 못하는 걸 남 탓하고 난리다.
    나는 못 들은 척했다. 감독님에게 눈도장을 제대로 찍으려면 이 시합에서 최대한 화려하고 멋진 플레이를 많이 보여 줘야 한다.
    테스트가 끝났다. 근데 연습실 분위기가 어째 썰렁하다. 형들과 동료들이 나를 노려보는 것 같다.
    왜지?
    감독님이 나를 불렀다.
    "양필승, 너는 부산에 가지 말고 숙소에 남아서 연습해."
    내가 잘못 들었나? 귀를 의심했다.

"……. 왜, 왜요?"

"롤은 팀 게임이다. 그런데 넌 개인플레이만 했어. 넌 처음부터 게임을 다시 배워야겠어."

속이 부글부글 끓어올랐다. 반년 동안 죄수처럼 꼼짝 않고 죽어라 연습만 했는데 그 결과가 겨우 이런 거였어? 쌓였던 불만이 폭발했다. 마우스를 바닥에 팽개쳤다.

9월 12일 아, 되는 일이 없다   날씨

    오늘도 아침부터 PC방에 죽치고 앉아 있다. 프로 게이머 된답시고 학교도 그만뒀는데, 게임단을 나오니 갈 데도 없고 할 일도 없다. 나만 보면 한숨만 쉬시는 부모님을 보는 것도 괴롭다. 울적해서 게임이나 하려는데 누군가 내게 채팅을 걸어 왔다.

> 상대   나랑 한 판 할래?
> 양필승   난 허접들과는 안 놀아. 꺼지셈.
> 상대   ㅋㅋ 쫄았냐?
> 양필승   쫄기는, 야, 나 이래봬도 프로 게이머였어.
> 상대   프로 게이머가 뭐 별거냐?

    상대는 계속 도발을 했다. 기분도 꿀꿀한데 너 잘 걸렸다. 프로 게이머의 진정한 무서움을 보여 주지. 그러나 게임은 나의 일방적인 패배였다. 믿을 수가 없다. 이 녀석은 대체 누굴까?

> 상대   ㅋㅋ 너 진짜 프로 게이머였던거 맞냐? 바보.
> 양필승   너 말이 너무 심하잖아?
> 상대   님, 혹시 부들부들?^^

화가 치밀어 올랐다. 그런데, 이거 어디서 많이 본 상황 같다. 생각해 보니 예전의 내 모습이다. 그때 상대방도 지금의 나처럼 비참한 기분이었겠구나.

 상대　필승아,

 양필승　너, 누구야? 어떻게 내 이름을 알아?

 명진　나, 명진이야. 연습하다가 네 아이디가 보여서 말 걸었어.

 양필승　흥! 날 골탕 먹이려고 그랬냐?

 명진　그게 아냐. 사실 너한테 할 말이 있어. 너, 지금도 궁금하지? 공개 테스트에서 왜 네가 떨어졌는지. 우리 감독님이 말씀하시더라고. 원래 너를 뽑으려 했는데 네가 비매너 유저로 소문나서 안 뽑았대. 상대방에게 심하게 말하고 팀플레이 안 하고. 프로 팀에서는 실력이 좋아도 그런 사람은 잘 안 뽑아. 왜냐하면 롤은 팀 게임이거든.

 양필승　…….

 명진　우리, 소양 교육 받았던 거 기억해? 강사님이 이런 말을 했어. '프로 게이머를 꿈꾸는 청소년들이 많기 때문에 우리는 더욱 모범을 보여야 한다.'고. 나는 네가 포기하지 않으면 좋겠어.

일 년 후, 어느 날 이젠 '진짜' 프로 게이머!

날씨

다음 주, 대구에서 승강전이 열린다.

"작년에는 실패했지만, 올해는 반드시 1부 리그로 올라가야 한다. 알겠지?"

"네!"

출전 선수 명단은 내일 발표된다. 물론 거기에 내 이름은 없을 거다. 대구에도 따라갈 수 없겠지. 일 년 전, 나는 감독님께 무릎을 꿇고 다시 시작하고 싶다고 애원했다. 오랫동안 생각하던 감독님은 몇 가지 조건을 내걸었다.

"1년 동안 넌 시합에 못 나간다. 연습실 청소와 식당 설거지도 해야 하고. 숙소를 무단 이탈한 처벌 규정이다. 그게 싫으면 돌아가라."

나는 받아들였다. 내가 복귀하자, 팀원들은 내가 언제 그만둘지를 놓고 내기를 했다. 다들 한 달 안에 내가 나간다는 쪽에 걸었다.

하지만 나는 여전히 여기에 있다. 청소도 하고, 선배들 연습 상대도 해 주고, 개인 연습이 끝나면 틈틈이 다른 팀의 경기를 보면서 전력 분석도 한다. 밤을 새워 연습하는 선수들을 위해 야식으로 라면도 끓여 준다. 시합에 못 나가는 내가 할 수 있는 일이란 겨우 이 정도뿐이다.

"그럼 대구로 갈 멤버들을 발표하겠다."

다음 날, 감독님이 시합에 나갈 명단을 공개했다. 그때 나는 설거지 중이었다. 한창 그릇을 닦고 있는데 누가 어깨를 쳤다. 돌아보니 감독님이었다.

"뭐하냐? 얼른 짐 챙겨."

"짐……이라뇨?"

"대구 안 갈 거야?"

뜻밖의 말에 나는 멍했다.

"이 시간부로 너의 징계를 해제한다. 출전 명단에는 없지만, 너도 가서 팀을 응원해야지."

나는 손등으로 흐르는 눈물을 훔쳤다. 감독님이 그런 나를 보며 씩 웃으셨다.

프로 게이머의 고백

커서 프로 게이머나 한다고? 대충 서울대나 들어가, 그게 더 쉬워.

많은 청소년(특히 남자)들이 프로 게이머를 희망 직업으로 손꼽고 있습니다. 재미있는 게임을 원 없이 하면서 돈도 많이 벌고 유명해질 수 있으니 이만큼 신나는 일이 또 있을까요? 하지만 현실은 생각만큼 녹록지 않습니다.

> 프로 게이머는 백조와 같아요. 물 밖에서 보면 백조는 아름답고 우아하지만, 물 밑에서는 쉴 새 없이 발을 놀리잖아요? 그런 백조처럼 프로 게이머들은 정말 치열하게 살고 있어요.   -전직 LoL 프로 게이머 홍민기

> 프로 게이머가 되는 것은 서울대 의대에 들어가는 것보다 어렵다.
> -LoL 프로 게이머 페이커

프로 게임단에서 공개 테스트를 실시하는 날, 수백 명의 지원자들이 몰려듭니다. 다들 자기 구역에서 '한가락' 하는 게임 괴물들입니다. 그들 중 한두 명만이 프로 게이머로 선택되는 행운을 누립니다. 이렇게 치열한 경쟁을 뚫고 프로 게이머가 되어도 출전 기회는 좀처럼 주어지지 않습니다. 팀에는 이미 주전 선수들이 있기 때문이지요. 주전 선수가 되려

면 공개 테스트보다 더욱 치열한 경쟁을 벌여야 합니다.

프로 게이머들은 하루 평균 14시간 정도 게임을 합니다. 장시간 컴퓨터 화면을 들여다보니 시력은 급격히 나빠지고, 허리와 어깨, 목, 손목 등 몸 여기저기에 다양한 병을 달고 삽니다. 이렇게 피나게 연습을 해도 뛰어난 성적을 내기란 쉽지 않아요. 다른 사람들도 그만큼 노력을 하니까요.

프로 게이머의 평균 연령은 약 20세, 그중 70퍼센트가 10대 청소년이에요. 병역 때문에 데뷔 후 5년이 지나면 거의 은퇴를 합니다. 그러니까 5년 안에 승부를 내야 하는 직업이에요. 은퇴 후에 지도자, 방송 해설자, e스포츠 협회 등에서 일할 수도 있지만, 그런 일자리가 턱없이 부족한 게 현실이에요.

최근에는 아프리카(afreeca)나 유튜브(youtube)등의 인터넷 채널에서 개인 채널을 개설하는 전직 프로 게이머들이 부쩍 늘고 있어요.

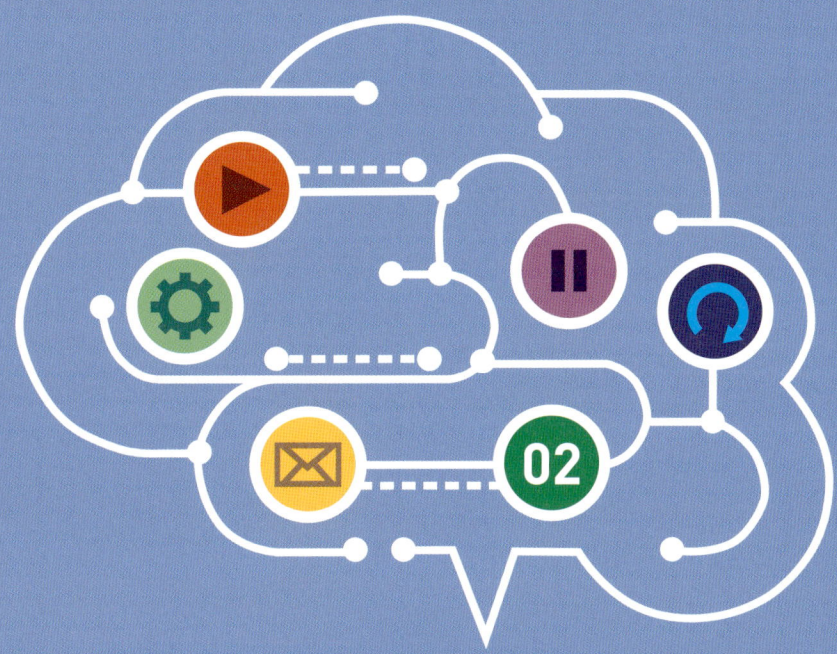

e스포츠는
어떻게
시작됐을까?

비디오 게임 전성시대
게임기하고만 겨루는 건 너무 심심해!

테니스 포 투가 등장한 이래로, 여러 가지 비디오 게임들이 출시되었습니다. 비디오 게임에는 가정용과 업소용 이렇게 두 종류가 있어요. 플레이스테이션, 닌텐도 스위치처럼 게임기가 따로 있고, 텔레비전에 연결해서도 할 수 있는 게임을 가정용 비디오 게임, 혹은 콘솔 게임이라고 불러요. 업소용 게임은 동전 넣고 하는 게임, 여러분도 잘 아는 전자오락실 게임이지요. 아케이드 게임이라 불리기도 하고요.

당시 비디오 게임의 특징은 인간과 게임기와의 대결 구도였습니다. 게임이 설정한 코스를 통과하고 게임 속 적과 악당을 모두 물리치면 나는 최후의 승리자로 우뚝 서고 장엄한 엔딩 음악과 더불어 게임이 종료되었습니다. 기계가 내 준 숙제를 인간이 해결하는 과정이라고나 할까요.

"으하하! 내가 드디어 엔딩했어. 만세다!"

그러나 그 기쁨은 그리 오래가지 않았어요. 끝판왕을 물리치기 위해, 납치된 공주를 구출하려고, 천하를 통일하려고, 몇 날 며칠 밥도 안 먹고 잠도 줄여 가며 게임을 했는데 왜 허전한 걸까요?

"상대는 컴퓨터잖아. 컴퓨터 따위에 이기는 게 뭐 대수인가."

"맞아. 사람이랑 대결해서 이겨야 진짜 승자지."

인간에게는 승부욕이라는 본능이 있습니다. 공부와 운동에서 경쟁자를 이기고 싶어 하듯, 게임에서도 누가 더 잘하는지 승부를 겨루고 싶어 합니다. 세상에는 나만큼 게임을 잘하는 '고수'들이 너무도 많아요. 그들과 자웅을 겨루고 싶은데, 가정용 비디오 게임으로는 한계가 뚜렷했어요. 그 많은 고수들을 무슨 수로 우리 집 거실로 초대하겠어요? 더 많은 사람들과 게임을 할 방법은 없을까요? 그래서 찾아낸 것이 인터넷이었습니다.

# 인터넷 카페의 원조, 랜 파티
게임 한판 하겠다고 이게 무슨 생고생이냐!

[달토끼 님]이 입장하셨습니다.

달토끼: 안녕하세요.

옥토끼: 달토끼 님, 하이! 방가 방가.

1990년대 중반, 젊은이들 사이에 PC통신이 큰 인기를 끌었어요. 사람

들은 PC통신에 접속해 대화를 하고, 소설이나 사회적 이슈에 대한 글을 올리고 취미를 공유하는 친목 활동도 했어요. '수다를 떤다'는 채팅(chatting)이란 단어가 본격적으로 사용된 것도 이때부터였습니다.

초기 PC통신의 접속 방식은 오늘날 같은 초고속 인터넷이 아닌 전화선이었습니다. 가족 중 누가 PC통신에 접속해 있으면 그 집 전화기는 통화 중인 상태였어요. 당연히 속도는 속이 터질 만큼 느렸습니다. 연예인 사진 한 장 전송받는 데 30분, 괜찮은 게임 하나 다운로드 받으려면 이틀을 기다려야 했어요. 우스갯소리로 이런 말도 나돌았어요.

"인터넷의 '인'은 참을 인(忍)이다."

원래 인터넷은 군사 목적으로 개발되었습니다. 소련(현재 러시아)과 냉

이렇게 모여서 게임을 하면서 게임 대회도 열었고, 꾸준히 발전하다가 게임 리그가 탄생합니다. 이후, 게임 업체들이 다양한 게임 대회들을 개최하기 시작했어요.

전 중이던 미국은 핵전쟁이라도 발발하면 군대 통신 시스템이 파괴될지도 모른다고 생각해 1969년, 컴퓨터 2대를 연결해 정보를 안전하게 옮길 수 있는 아파넷(ARPAnet)을 고안했어요. 이것이 최초의 인터넷이에요. 인터넷이 상당히 편리하고 유용한 시스템이라는 것을 깨달은 민간 기업들이 인터넷을 도입 및 개발하고 때마침 국제 정세도 화해 무드로 변하면서 미국 정부는 1993년, 인터넷의 상업적 사용을 허가했어요.

초기 인터넷은 속도도 느린데다 가격도 상당했어요. 특히 주머니 사정이 빠듯했던 게임 마니아들은 인터넷으로 컴퓨터 게임을 즐길 엄두도 낼 수 없었어요. 누군가 이런 제안을 했지요.

"인터넷이 되는 곳에 모이자. 인터넷 비용을 공동 부담하면 좀 더 싸질 테니 낼 만할 거야."

게임 마니아들은 인터넷이 연결된 창고나 사무실로 끙끙거리며 각자의 컴퓨터를 가져왔어요. 인터넷에 접속해서 게임도 즐기고, 컴퓨터끼리 연결해서 일대일 대결을 벌였어요. 휴식 시간에는 피자나 음료수를 먹고 음악을 들으며 담소를 나누는 등, 그들만의 소소한 파티를 즐겼지요. 이것을 랜 파티(Lan Party)라고 불렀어요. '랜'이란 가까운 거리에 있는 컴퓨터를 연결하는 네트워크예요. 어디서 많이 보던 모습 같지 않나요? 맞아요, PC방. 인터넷 카페의 원조가 바로 랜 파티입니다. 랜 파티는 여기서 한 걸음 더 진화합니다.

"랜 파티 할 때마다 게임 대회를 여는 건 어때?"

온라인에서 인간 대 인간의 게임 구도가 인기를 끌자, 1997년 미국의 인터넷 게임 회사 '토탈 엔터테인먼트 네트워크'는 인터넷에서 게임을 하는 조건으로 참가비를 받는 게임 대회를 개최했어요. 그것이 세계 최초의 게임 리그인 PGL(Professional Gamers League)이었어요. 게임 종목은 스타크래프트였지요. 당시 PGL은 현재 e스포츠 대회와는 좀 달랐어요. 오늘날 대부분의 e스포츠 대회는 게임 전용 경기장이나 체육관 등 넓은 공간에서 관중들이 지켜보는 가운데 펼쳐지지만, PGL은 철저하게 온라인 접속 방식이었어요.

1999년 한국에서도 PGL을 모방한 KPGL(한국식 PGL) 대회가 개최되었어요. 종목은 역시 스타크래프트, 대회 장소는 PC방이었어요. 말하자면, 전국 PC방 최강자를 뽑는 대회였던 거예요. 참가비는 개인전은 1만 원, 단체전은 2만 원이었어요. 개인전 우승자에게는 500만 원의 상금이 주어졌고, 단체전 1위 팀에게는 컴퓨터가 상품으로 주어졌어요.

한편 PGL이 처음 개최되었던 1997년, 엔젤 무노즈라는 사람이 CPL(Cyber athlete Professional League)이라는 게임 대회를 만들었어요. PGL이 온라인 접속 방식인 것과 달리, CPL은 오프라인, 그러니까 참가자들이 체육관 같은 곳에 모여 게임을 하는 방식이었어요. 사람들은 게이머들의 얼굴을 직접 볼 수 있는 CPL 방식을 선호했지요. 지금도 많은 e스포츠 대회들은 이 방식을 따르고 있어요. PGL은 수익성 악화로 1999년 폐지되었답니다.

최초의 프로 게이머, 데니스 퐁
홀연히 나타나 상금을 싹싹 긁어모은 게임의 황제

1996년 미국의 게임 제작사 이드 소프트웨어(Id Software)는 전설의 명작, 퀘이크(Quake)를 출시했습니다. 총이나 로켓, 손도끼, 수류탄 등의 무기를 사용해 적을 무찌르면서 전진하는 것이 게임의 콘셉트였습니다. 캐릭터의 얼굴은 화면에 나타나지 않아요. 화면에 보이는 것은 무기류 뿐, 주인공의 움직임이나 시선에 따라 배경 화면도 함께 이동했어요. 완벽하게 '내'가 주인공이 되는 거지요. 이런 게임의 장르를 FPS(first-person shoot)라 불러요. 즉 1인칭 시점(first-person)에서 플레이하는 슈팅 게임이란 뜻이지요.

퀘이크는 그야말로 세계를 강타했어요. 게임 CD는 날개 돋친 듯 팔렸고, 미국 전역에서 '퀘이크 1인자'를 뽑는 게임 대회도 열렸어요. 참가한 사람들 중 단연 돋보이는 이가 하나 있었는데 데니스 퐁이라는 중국계 소년이었습니다.

데니스 퐁은 현상금 사냥을 하던 서부 시대 총잡이들처럼, 게임 대회가 있는 곳에 홀연히 나타나 화려한 게임 실력을 발휘했고, 대회가 끝나면 상금을 챙겨 유유히 사라졌습니다. 그렇게 번 돈이 6년간 10만 달러(약 1억 2천만 원)가 넘었어요.

1997년 데니스 퐁이 퀘이크 대회에서 우승하자 이드 소프트웨어 회장 존 카멕은 자신의 빨간색 포르쉐 승용차를 선물로 줬어요. 이 일로 데니스 퐁은 일약 유명 인사가 되었지요. 사람들은 데니스 퐁을 '게임계의 마이클 조던', '퀘이크의 황제' 그리고 '프로 게이머'라고 불렀습니다. 데니스 퐁은 프로 게이머라 불린 최초의 인물이었습니다.

e스포츠란 용어로 통일하다
첨단의 향기와 건전한 의미를 담아 e스포츠

e스포츠란 단어가 처음 사용된 곳은 미국이에요. 사이버 스포츠(cyber sports), 사이버 애슬릿(cyber athlete), 가상 현실(virtual reality)을 배경으로 한다고 해서 v스포츠, 전자 장비로 하는 스포츠라는 뜻의 일렉트로닉 스포츠(electronic sports) 등 뒤죽박죽 부르다 차츰 호칭을 하나로 통일할 필요를 느꼈어요. '게임으로 구현하는 스포츠'라는 것을 가장 잘 표현하되, 대중에게 어필할 수 있는 멋들어진 이름으로 말이에요.

"사이버 스포츠, 사이버 애슬릿, v스포츠, 이런 단어는 뭐랄까, 비현실적인 느낌이 강해."

"내 말이, 안 그래도 게임을 하면 현실 도피자라는 둥, 오덕이라는 둥 별소리를 다 듣는데."

단순하면서 게임이라는 이미지를 대놓고 드러내지 않고, 첨단의 향기도 적당히 풍기되 스포츠라는 의미까지 담을 수 있는 호칭, 그것이 바로 e스포츠(electronic sports)였습니다.

우리나라는 1999년 전자신문에 'e스포츠 코너'가 신설되면서 처음으로 대중에게 소개되었고 그 다음 해인 2000년 '프로 게임 창립 협회'에 참석한 문화관광부 장관이 e스포츠라는 말을 언급하면서 e스포츠는 공식 용어로 인정을 받았어요. 초기에는 콘솔 게임과 PC 게임을 지칭하는 단어였지만, 급성장한 모바일 게임도 e스포츠 영역으로 들어왔지요. 한국은 법률로 e스포츠를 다음과 같이 규정하고 있습니다.

> 게임물을 매개로 하여 사람과 사람 간에 기록 또는 승부를 겨루는 경기 및 부대 활동을 말한다. 「게임산업진흥에 관한 법률」

cyber sports

cyber athlete

electronic sports

게임은 모두 다 e스포츠다?
무턱대고 e스포츠라고 이름만 갖다 붙이는 건 아니야.

　게임이라고 해서 모두 e스포츠 종목이 되는 것은 아니에요. 그 게임을 하는 유저들이 충분히 많고, 일정한 규모를 갖춘 대회가 정기적으로 열리는 등 몇 가지 조건을 만족시켜야 e스포츠 종목으로 인정을 받습니다. 그것을 결정하고 관리하는 단체가 한국 e스포츠 협회(KeSPA, 케스파)예요.

　2020년 4월 20일 기준, 케스파는 10개의 정식 종목과 1개의 시범 종목을 선정했어요. 정식 종목에는 전문 종목과 일반 종목이 있어요. 전

> 드래곤 퀘스트가 최고인데!

문 종목은 게이머도 많고 인기도 높아서 저변이 탄탄한 1등급 게임이에요. 일반 종목은 전문 종목만큼은 아니지만 그래도 더 성장할 잠재력을 갖췄다고 판단되는 2등급 게임이에요. 시범 종목은 정식 종목이 될 최소한의 조건은 갖췄지만 아직 불안 요소가 있어서 더 지켜볼 필요가 있는 게임들이고요. 케스파는 이 리스트를 지켜보면서 점수를 매기고 정기적으로 조정을 해요. 인기가 오르면 등급을 올려 주지만, 이제 유행이 지났다 싶으면 전문 종목이라고 해도 가차 없이 퇴출시켜요.

또한 나라마다 e스포츠로 인정받는 게임은 다릅니다. 한국에서는 듣도 보도 못한 게임이 외국에서는 큰 인기를 누리기도 하고 한국인은 열광하는데 외국에서는 시큰둥한 게임도 많아요.

일본에서 출시한 게임 '드래곤 퀘스트'는 일본에서 400만 장이나 팔렸지만 북미에서는 10만 장 팔리는 데 그쳤어요. 반대로 미국에서 100만 장 넘게 팔린 게임 '토니 호크'는 일본에서는 거의 팔리지 않았지요. 게임 환경과 문화, 사람들의 기질이 서로 다르기 때문입니다.

문화에 따라 게임도 달라진다
나라마다 좋아하는 게임이 달라, 한국은 모여 한판!

서구 영화나 드라마를 보면 가족이 함께 게임을 하는 장면을 자주 볼 수 있어요. 아빠와 아들이 한 팀을 먹고 하는 슈팅 게임, 형과 동생이 편을 갈라서 축구 시합을 하는 피파(FIFA) 등 주로 플레이스테이션이나 엑스박스로 즐기는 비디오 게임이에요.

반면 한국에서 비디오 게임의 점유율은 2퍼센트에 불과해요. 한국에서는 온라인 게임 문화가 대세거든요. PC방이나 개인용 PC에서 접속해 얼굴을 모르는 불특정 다수와 즐기는 게임이지요. 왜 이런 차이가 생길까요?

한국에서 주 5일제 근무가 정착되기 전에는 토요일에도 출근했고 야근과 회식까지 심심찮게 있어서 직장을 다니는 한국 부모들의 귀가 시간이 많이 늦었어요. 자녀들은 자녀들대로 방과 후에 학원에서 시간을 보냅니다. 이러다 보니, 가족들이 함께할 시간과 여유가 많지 않았지요.

1997년 IMF 외환 위기를 겪은 한국은 돌파구를 마련하기 위해 정보 통신 산업(IT 산업)을 적극 육성했어요. 개인용 컴퓨터(PC)가 국민들에게 널리 보급되었고 시골 마을에까지 초고속 인터넷 회선이 설치되었지요. 자연히 게임도 인터넷과 PC를 기반으로 하는 온라인 PC 게임 문화가 발달했습니다.

한편 이웃 나라 일본은 비디오 게임 문화예요. 일본은 1980년대부터 세계적인 비디오 게임 제조 강국이었습니다. '슈퍼 마리오'를 개발한 닌텐도(NINTENDO), 플레이스테이션을 제작한 소니(SONY), 한때 전자 오락실마다 있었던 춤추는 게임 '댄스 댄스 레볼루션(DDR)'의 코나미(KONAMI), '버추어 파이터'를 만든 세가(SEGA) 등 굴지의 비디오 게임 제작사들이 우글우글했어요. 일본의 어떤 게임 잡지 편집자는 이런 현상을 다음과 같이 분석했어요.

"일본은 개인주의 문화가 발달한 나라입니다. 한국인들은 친구들과 PC방에 몰려가 떠들썩하게 게임하는 것을 좋아하지만 일본인은 누구의 방해도 받지 않고 홀로 게임을 즐기는 것을 더 선호합니다. 그래서 비디오 게임 문화가 발달했어요."

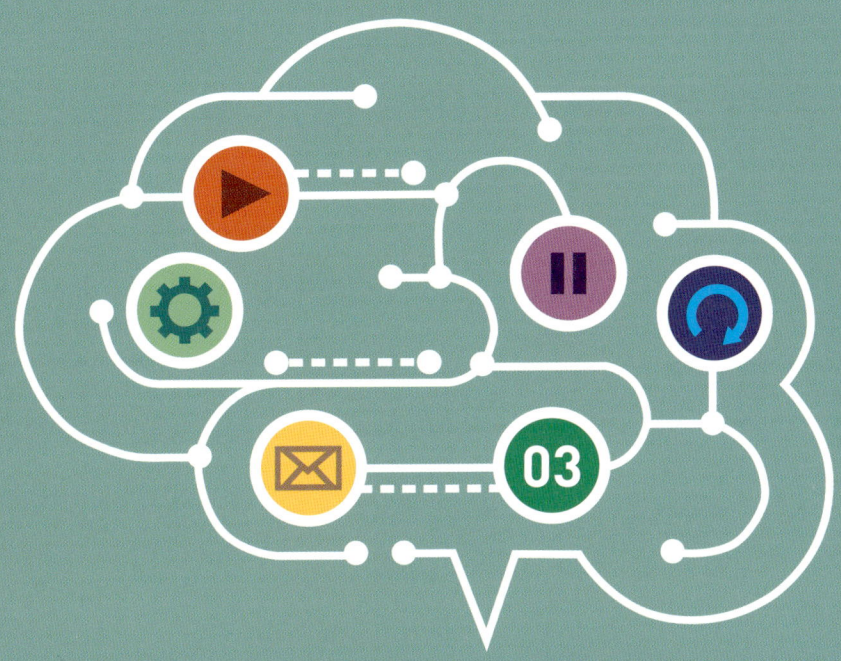

한국이 e스포츠
종주국이라고?

PC방 팀, 프로 게이머를 낳다
말이 좋아 프로 게이머, 그래 봤자 게임 폐인 아냐?

스타크래프트의 인기가 치솟자 PC방 사장님들이 묘수를 생각했어요. PC방에서 동네 스타크래프트 대회를 여는 것이었지요. '가리봉동 PC방 배 스타크래프트 대회', '동천동 스타 최고수 열전' 등. 우승자는 상금 대신 'PC방 무료 사용권', '마우스와 키보드' 혹은 '간식 쿠폰'을 받았어요.

대회가 열린 PC방은 참가자에 구경꾼까지 인산인해를 이루어 PC방 사장님들은 흐뭇했지요. 당시 온라인에서 이름난 고수들은 게임 마니아들 사이에서 거의 연예인 대접을 받고 있었어요.

"야, 들었어? 그 사람이 말죽거리 PC방에 나타났대."

"정말?"

사람들은 말로만 듣던 고수의 플레이를 보려고 꾸역꾸역 몰려들었습니다. 줄을 서서 사인도 받고, 고수로부터 '한 수' 가르침을 받는 행운도 얻었습니다. 다른 PC방도 가게 홍보를 위해 경쟁적으로 고수를 영입했어요. PC방을 중심으로 '게임 고수'들이 포진하자, 자연스럽게 PC방 팀이 창단되었어요. 감독 겸 구단주는 PC방 사장님, 팀 명도 PC방 이름을 그냥 갖다 썼습니다. 한국인 최초의 프로 게이머인 신주영도 서울 신촌에 있는 슬기 PC방 소속이었습니다.

그러나 프로 게이머라는 호칭은 보기에만 화려할 뿐 실상은 초라했습니다. 월급은 최저 생계를 겨우 면하는 정도에 연습실은 PC방이었고 숙소는 PC방에 딸린 창고나 쪽방이었습니다. 라면으로 끼니를 때우는 일도 잦았지요.

큰 기업에서 팀을 창단해 후원해 주면 가장 좋았겠지만 기업들은 무심했어요. 대기업들이 스포츠 팀을 창단하는 가장 큰 목적은 홍보예요. 프로 팀과 스타 선수는 그 자체가 광고판이니까요. 하지만 당시 게임을 바라보는 사회적 인식은 매우 싸늘했어요.

"프로 게이머 좋아하시네. 그래 봤자, 게임 폐인들 아냐?"

기업들은 게임에 후원해 봤자 득 볼 게 없다고 생각했어요. 많은 프로 게이머들이 열악한 환경과 차가운 시선을 견디다 못해 은퇴했어요.

게임, 햇빛 가운데로 나오다
우리가 죄인이야? 골방에서 나와 당당하게 즐기자!

그랬거나 말거나, 게임의 인기는 좀처럼 식지 않았습니다. 우후죽순으로 팀들이 창단되자 1999년 한국 최초의 리그 대회인 KPGL(Korea Professional Gamers League)이 개최되었습니다. 주목할 점은 이 대회에서 처음으로 게임이 방송 중계되었다는 사실입니다.

반응은 기대 이상이었습니다. 사람들은 컴퓨터 화면에서나 보던 게임을 텔레비전으로 본다는 사실에, 그것도 야구 중계처럼 캐스터와 해설가가 게임을 실감나게 중계한다는 데에 신선한 매력을 느꼈습니다. 방송을 타기 시작하면서 게임의 위상도 달라졌지요.

오랫동안 게임은 적당히 시간을 때우는 소일거리의 하나였고, 게임에 빠진 사람은 할 일 없는 백수나 폐인 취급을 받았습니다. 그러던 게임이 스포츠처럼 중계되기 시작한 것입니다. 그리고 이 대회에서 이기석이라는 한 명의 스타가 탄생합니다.

본명보다 쌈장(SSamjang)이라는 닉네임으로 더 유명한 이기석은 대기업 통신 회사 CF 광고 모델로 등장해 '세계에서 가장 게임을 잘하는 사람'으로 전 국민에게 자신의 이름 석 자를 똑똑히 알렸습니다.

방송사도 깨닫는 바가 컸습니다. 게임 시장에 엄청난 수요층과 무한한 잠재력이 있다는 사실을 간파했지요.

"이건 돈이 된다! 이 기회에 제대로 키워 보자."

2000년 7월 24일, 세계 최초이자 세계 유일의 게임 방송국이 문을 열었습니다. 이후 여러 방송국이 차례로 개국하면서 바야흐로 24시간 게임을 볼 수 있는 채널이 무려 셋으로 늘어납니다. 그러자 대기업과 중견 기업들도 앞다퉈 팀을 창단했습니다.

허름한 숙소에서 잠을 자고 보잘 것 없는 급여를 받으며 어렵게 게임을 하던 게이머들은 이제 구단이 제공한 안락한 숙소와 최적의 환경을 갖춘 연습실에서 생활하며 높은 연봉을 받게 되었습니다.

두둥, 임요환의 등장
잘생긴 외모에 뛰어난 실력, 내가 바로 스타 게이머!

"신림동 PC방에 가면 괴물처럼 게임을 잘하는 녀석이 있다!"

프로 팀 감독이 소문의 청년을 만나러 갔어요. 대학 입시를 준비하던 20살의 재수생 임요환이었어요.

"자네, 프로 게이머가 되고 싶지 않나?"

감독의 제안에 임요환은 기다렸다는 듯 고개를 끄덕였습니다. 1999년 가을의 일이었습니다.

스타크래프트에는 3가지 종족, 즉 테란(Terran), 저그(Zerg), 프로토스(Protoss)가 있어요. 그런데 대부분의 게이머들은 테란을 기피했어요. 초

반에 너무 약했거든요.

"아냐, 테란은 절대 약하지 않아!"

임요환은 테란이 얼마나 무시무시한 종족인지 증명해 보였어요. 창의적인 플레이로 상대방의 혼을 쏙 빼놓고, 현란한 컨트롤로 사람들을 매혹시켰어요. 프로 게이머로 데뷔한 첫해, 개인전에서 첫 우승을 차지하더니, 다음 대회에서도 우승, WCG(World Cyber Games, 한국 삼성의 주도로 만들어진 대회)에 한국 대표로 출전해 금메달까지 목에 걸었어요. 이때부터 사람들은 그를 '테란의 황제'라 불렀습니다.

하지만 그것이 마지막 우승이었습니다. 통산 성적에서도 임요환보다 성적이 더 좋은 게이머는 많아요. 그런데도 프로 게이머들과 e스포츠 관계자들은 서슴없이 '역대 최고의 프로 게이머는 임요환'이라고 입을 모읍니다. 왜일까요?

스타크래프트는 RTS(Real Time Strategy, 실시간 전략 게임) 장르의 게

임이에요. 때리고 부수고 파괴하는 전쟁 게임으로, 프로 게이머는 물론 일반 유저들의 성별 또한 남자가 압도적으로 많았어요. 여자들은 이런 거친 게임보다 카트라이더, 포트리스, 마비노기, 메이플스토리 등 귀여운 캐릭터가 등장하는 아기자기한 게임을 선호했어요.

"저기, 스타크래프트는…… 어떻게 하는 거야?"

"누나가 웬일로 그런 걸 다 물어?"

"그냥 궁금해서……. 그런데 그 임요환 선수…… 여자 친구 있을까?"

"그걸 내가 어떻게 알아!"

훤칠한 키에 귀공자 같은 외모, 포기하지 않는 근성, 기발한 전략, 우연히 임요환의 시합을 본 여성들은 처음에는 잘생긴 얼굴에 감탄했다가 이내 '저게 무슨 게임이지?' 하며 호기심을 가졌어요.

임요환의 소속 팀 경기가 있는 날, '요환 사랑', '요환 중독' 등의 피켓을 든 여성들이 경기장 맨 앞줄을 장악하고 환호성을 질렀어요. 당시 임요환의 팬클럽 회원은 약 60만 명, 국내에서 가장 거대한 팬덤이었어요. 임요환의 등장으로 남성 위주의 게임 문화에 여성들도 참여하게 되었고 이는 e스포츠의 저변 확대로 이어졌지요.

이런 일도 있었습니다. 임요환의 소속 팀이 해체를 하고 동료 선수들이 뿔뿔이 흩어지게 되었어요. 한 대기업에서 팀을 창단하겠다며 임요환에게 연락을 해 왔어요.

"임요환 선수는 최고의 스타니까 그에 걸맞은 최고의 연봉을 지급하겠습니다."

"네, 그런데 우리 팀 동료들은요?"

"뭐, 그들에게는 최저 연봉 수준 정도?"

임요환은 그 제안을 거절했습니다. 모두에게 안정된 연봉이 지급되지 않으면 후원 받을 의미가 없다고 생각했어요. 그 기업은 임요환의 요구를 받아들였습니다. 임요환은 팀의 리더로서 동료를 챙기는 책임감도 남달랐습니다.

2013년 임요환은 은퇴했어요. 그해, 미국 매체「데일리닷」은 임요환을 역대 최고의 e스포츠 프로 게이머로 선정하며 그 이유를 이렇게 밝혔습니다.

> 그는 마니아들의 축제로 여겨지던 e스포츠를 주류 문화 산업으로 편입시켰다.
>
> 훌륭한 게이머들은 많다. 그러나 Boxer는 이들을 뛰어넘는 문화의 아이콘이자, e스포츠를 세계적으로 성공하도록 끌어올린 인물이다.

기피 대상 1호, 한국 게이머
한쪽 팔을 다쳤으니 빨리 끝내고 퇴근할게!

> 한국 게이머를 상대하는 건 아기 고양이와 귀여움 대결에서 이기는 것만큼 힘들다. -해외 게시판

> 어젯밤, 온라인에서 한국 초등학생과 대결했거든? 근데 이 코흘리개가 5분 만에 내 소대를 전멸시켰어. -미국 연예인

> 한국 게이머와 대결하면 좌절감만 든다. 왜냐하면 그들은 어떤 기회도 주지 않기 때문이다. -핀란드 프로 게이머

2006년 독일에서 열린 워크래프트 세계 대회 전날, 한국 게이머가 오른팔이 부러지는 큰 부상을 당했습니다. 두 팔로 키보드와 마우스를 사용하는 게이머에게 한 팔을 못 쓴다는 건 한쪽 다리가 부러진 축구 선수와 다름없습니다. '출전을 포기하겠군.' 모두들 그렇게 생각했지만, 그 게이머는 팔에 깁스를 하고 시합에 나갔어요.

"뭐야? 설마 저 상태로 시합에 나가려는 거야?"

그 게이머는 한 팔로만 마우스를 짤깍짤깍거렸습니다. 그럼에도 그 경기에서 한국 팀은 우승했습니다. 이를 지켜본 외국 게이머들은 한탄했

지요.

"한국인들에게 우리 정도는 한 팔로도 이길 수 있는 상대라는 건가!"

게임 대회에서 한국인들은 외국인들에게 기피 대상 1호입니다. 오죽하면 '한국인에게는 게임 DNA가 있나'라는 푸념을 할 정도입니다.

2001년 게임의 올림픽이라 불리는 WCG가 처음 개최되었어요. 한국은 2019년까지 참가한 14번의 대회에서 8번이나 종합 우승을 차지했지요. 특히 2008년부터 2011년까지 4회 연속으로 종합 우승을 해 e스포츠 최강 국가라는 명성을 얻었습니다. 결승전에서 한국 게이머들끼리, 혹은 한국 팀끼리 맞대결하는 경우도 흔했습니다. 특히 몇 년 전 열린 국제 대회에서 16강에 오른 16명의 게이머 전원이 한국인인 적도 있었습니다.

e스포츠 종주국, 한국

해설&중계&게임, 한국만 따라해, 무조건 재밌어져.

스포츠 종주국이란 그 스포츠를 처음 시작한 나라를 말합니다. 최초의 비디오 게임이 만들어진 곳도, e스포츠라는 용어가 처음 탄생한 곳도 미국입니다. 그런데 사람들은 한국을 e스포츠 종주국이라고 말합니다.

현재 e스포츠 문화를 만들어 내고 시스템을 표준화한 게 우리나라이기 때문이에요. 선수 선발과 구단 운영, 리그 방식, 홍보, 협회 설립, 제도, 문화에서 한국은 e스포츠의 교과서를 썼다고 해도 과언이 아니에요.

방송을 예로 들어 볼까요? 처음 게임을 중계할 때 방송국으로서도 막막했습니다. 야구나 축구라면 선수 한 번 보여 주고, 볼이 움직이는 동선을 카메라가 쫓아가고, 가끔씩 환호하는 관중을 영상에 담으면 되는데, 게임은 그렇지 않았습니다. 화면만 뚫어져라 바라보는 게이머, 이를 무뚝뚝하게 바라보는 관객, 현란하게 움직이는 게임 유닛들, 이 모든 걸 대체 어떤 식으로 카메라에 담고 설명해야 시청자들에게 잘 전달할 수 있을지 난감했어요. 돌발 상황도 자주 발생했고요.

"으아, 저 선수가 욕을 썼어. 전 국민이 보고 있는데, 어쩌지?"

시행착오를 거듭한 끝에 기술과 노하우를 축적했습니다. 그리고 가장 효율적이고 최적화된 시스템이 정착되었지요. 선수 소개, 화면 배치와 전환, 캐스터와 해설가의 역할 분배 등. 오늘날 외국 방송사들은 한국이 표준화한 중계 방식을 따르고 있습니다. 심지어 국제 대회가 있는 날 일부러 한국 방송만 찾아보는 외국인들도 적지 않아요.

"알아듣지는 못하지만, 한국 방송이 더 재밌어. 보기만 해도 심장이 뛴다니까!"

북미와 유럽, 중국에서도 e스포츠의 열기가 달아올랐어요. 거대 자본이 투입되고, 방송국이 중계를 하고, 국제 대회인 ESWC(프랑스), ESL(독일), AIC(중국), CPL(미국), CGS(미국) 등이 잇달아 개최되었어요.

e스포츠 제2의 전성기
축구와 야구처럼 게임도 세계적인 리그가 있어.

　스타크래프트 출시 후 10년이 지나면서 사람들은 '이제는 좀 지겹네.' 하며 다른 게임에 눈을 돌리기 시작했어요. 여기에 2010년, 브로커로부터 돈을 받은 게이머들이 고의로 시합에 패하는 승부 조작 사건이 벌어져, 그렇지 않아도 숨이 꼴딱거리던 스타크래프트의 임종을 앞당겼어요. 대회는 하나둘 폐지되었고, 열 개가 넘었던 팀들도 차례차례 해체 수순을 밟았어요.

　e스포츠 대장 노릇을 하던 스타크래프트가 몰락하자 한순간 한국 e스포츠에 위기감이 감돌았어요. 하지만 리그 오브 레전드, 오버워치, 도타, 배틀그라운드 같은 신작 게임들이 스타크래프트의 공백을 재빨리 메웠어요.

　리그 오브 레전드는 한국, 북미, 유럽, 일본, 중국, 동남아시아, 오세아니아, 남미 국가에도 프로 팀과 대회가 있어요. 오버워치는 e스포츠 최초로 도시 연고제 리그를 운영하고 있지요. 게임이 국경을 초월하는 현상, 이것을 'e스포츠의 글로벌화'라고 불러요. 그 결과 e스포츠는 세계가 주목하는 거대한 산업으로 주목받고 있습니다.

오버워치 도시 연고제 리그

오버워치 리그는 국가가 아닌 도시를 연고로 하는 리그를 운영한다. 서울을 연고로 하는 팀, 런던을 연고로 하는 팀, 상하이를 연고로 하는 팀 등이 대결을 벌이는 것이다. 여러 게임의 국경을 초월하는 글로벌화로 e스포츠는 지금 제2의 전성기를 맞이하고 있다.

e스포츠의 월드컵, 롤드컵
올림픽 개막전 부럽지 않은 게임 월드컵 시청률

리그 오브 레전드, 줄여서 롤(LoL)이라는 게임은 1년에 한 번, 전 세계 상위권 팀이 한 자리에 모여 세계 최고를 놓고 대결해요. 공식 명칭은 '월드 챔피언십', 롤의 월드컵이라고 해서 '롤드컵'이라 불러요. 국가 대항전인 월드컵과 달리 롤드컵은 프로 팀 대항전이라는 점에서 차이가 있어요.

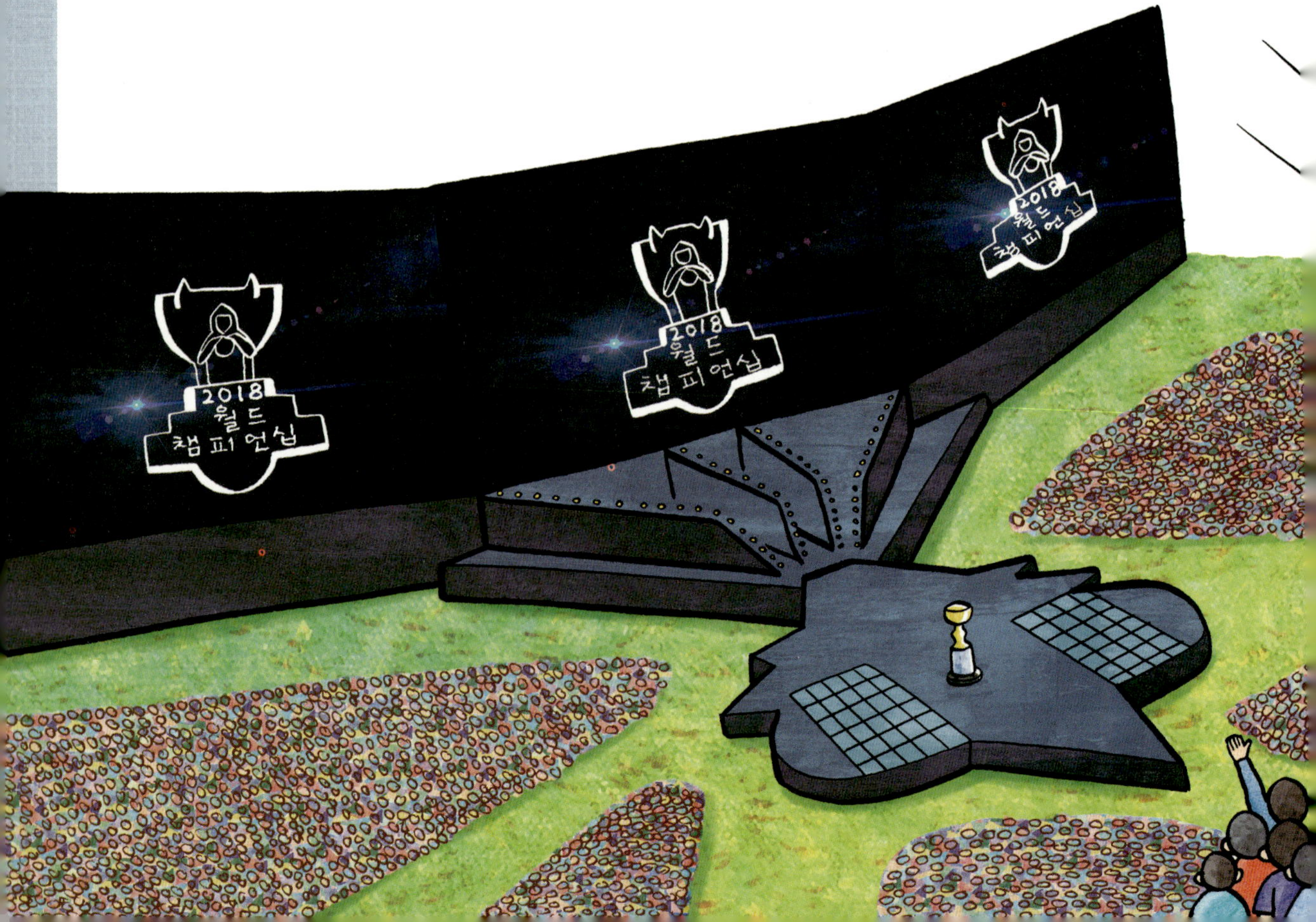

2020년 기준, 롤드컵은 13개 지역에서 뽑힌 24개 팀이 출전해요. 개최지는 게임 제작사인 라이엇 게임즈(미국)가 알아서 결정하는데, 보통 대륙별로 안배해요. 2019년 우승 팀 상금은 약 25억 원이었는데 이는 같은 해 한국 프로 야구 우승 팀 상금과 비슷해요. 그해 결승전 시청자 수는 약 4300만 명, 이는 같은 해 열린 메이저 리그 7차전과 2016년 리우 올림픽 개막전 시청자보다 많아요.

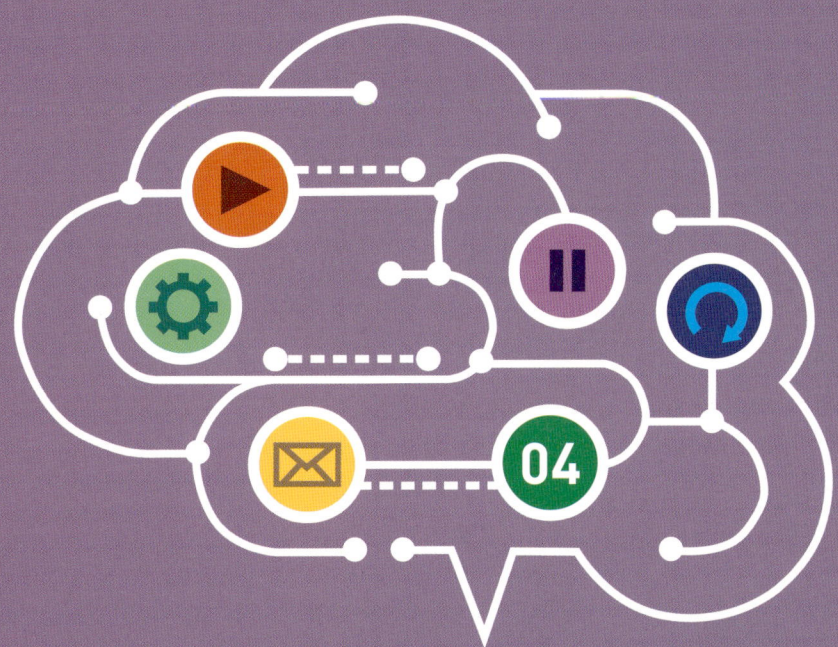

게임 산업의
규모가
어마어마하다고?

e스포츠는 어떻게 돈을 벌까?
게임 대회를 열 때마다 엄청난 돈이 쏟아져.

그렇다면 e스포츠는 어떻게 그 많은 돈을 벌어들이는 걸까요? 게임 CD를 팔아서? 관중 티켓 판매량으로? 그것만으로 막대한 우승 상금, 프로 게이머들의 높은 연봉과 게임단 운영비를 감당할 수 있을까요?

e스포츠 산업의 가장 큰 황금알은 스폰서십입니다. 스폰서란 후원자, 즉 돈을 대는 사람을 뜻해요. 국내 프로 스포츠 시즌이 시작되면 리그 이름에 기업 이름이 들어 있는 걸 볼 수 있습니다. 스폰서 기업은 우승 상금은 물론 시즌이 종료할 때까지 막대한 비용을 제공하는 대가로 자신들의 기업을 홍보하는 기회를 얻어요.

2019년 국내 '리그 오브 레전드(롤)' 리그에서는 4개의 기업이 스폰서로 참여했는데, 그중에는 사무용 의자를 제조하는 기업도 있었어요. 선수들은 대회 기간 동안 그 기업의 브랜드가 박힌 의자에 앉아서 시합을 하고, 그 모습은 고스란히 텔레비전에 나와요. 그것만으로도 쏠쏠한 광고 효과를 얻을 수 있어요. 두 번째 큰 수익원은 광고입니다. 대회가 열리는 경기장 곳곳에 붙어 있는 제품 광고와 기업 로고, 그리고 텔레비전 광고 등을 말해요. 그다음으로는 퍼블리셔와 중계권료(미디어 수익), 티

켓 판매 수익 등이 있어요.

퍼블리셔가 뭐냐고요? 신작 게임이 쏟아지고, 치열한 경쟁에서 이기려면 홍보가 매우 중요합니다. 그래서 게임 제작사들이 홍보 전문 회사에 수수료(돈)를 주고 그 일을 맡기지요. 이런 홍보 전문 회사가 퍼블리셔입니다.

그 밖에 온라인 플랫폼(platform)을 포함한 텔레비전 방송국으로부터 받는 중계권료도 중요 수입원입니다. 플랫폼이 뭐냐고요? 플랫폼은 원래 지하철이나 역에서 사람들이 기차를 기다리는 곳을 말하지요. 플랫폼이 사람과 기차를 연결해 주듯 플랫폼 기업은 사람과 사람을 연결해 주는 비즈니스를 말합니다. 구글, 아마존, 트위치 같은 기업이 대표적인 플랫폼 기업입니다.

e스포츠의 경제적 효과
철없는 아이들 놀이? 경제 파급 효과 무려 2200억 원

서울시는 2019년부터 'e스포츠 투어 프로그램'을 운영하고 있습니다. 한국에 온 외국인 관광객들을 대상으로 e스포츠 경기장과 e스포츠 명예의 전당을 견학할 수 있게 하고 실제 e스포츠 대회가 열리는 경기를 관람하게 하고 있어요. 한국 e스포츠를 관광 상품으로 만든 것입니다.

실제로 중국 등 외국에서는 한국의 e스포츠를 '한류'라고 부릅니다. 특히 중국인들이 한국 e스포츠에 갖는 관심은 놀라울 정도예요. 중국 제1의 도시 상하이 PC방에는 한국 게임 '배틀그라운드'를 즐기는 고객이 90퍼센트나 됩니다. 또 한국의 리그 오브 레전드 게이머 페이커(이상혁 선수 닉네임)는 중국에서 한류 스타 못지않은 대접을 받고 있어요. 페이커의 경기가 있던 2017년 11월 4일, 중국의 SNS 웨이보(Weibo)에서 페이커의 이름이 검색어 1위에 오르기도 했어요.

한국콘텐츠진흥원의 발표에 따르면, 2019년 상반기 콘텐츠 산업 수출에서 게임 비중은 69.2%로 K팝(5.4%), K무비(0.6%)를 제치고 압도적인 1위를 차지했어요.

게임은 국내 경제에도 큰 영향을 미치고 있어요. 2017년 보고서에 따르면 e스포츠가 우리나라 산업에 미치는 경제적 파급 효과는 2200억 이상, 게임 산업으로 늘어나는 취업자 수는 1만 명 이상이라고 합니다.

e스포츠 산업이 낳은 직업들

다양한 분야의 인재들이 이렇게 애쓰고 있지. 너도 해 볼래?

게임 시나리오 작가

 게임을 관통하는 고유한 스토리를 '게임 시나리오'라고 해요. 구태의연한 시나리오는 대중의 흥미를 끌지 못해요. 참신하고 기발한 시나리오여야 게임을 해 보고 싶다는 욕구를 불러일으키지요. 이런 시나리오를 쓰는 직업이 게임 시나리오 작가예요.

게임 사운드 크리에이터

 게임 시작을 알리는 오프닝 음악, 게임 종료 시의 엔딩 음악, 칼날 부딪히는 소리, 총성, 마법을 부릴 때 나는 신비한 소리, 끄아악, 악당의 비명까지…… 이런 소리를 배경음이라고 부릅니다. 게임 사운드 크리에이터는 이런 다양한 배경 음악과 효과음을 만드는 사람이에요.

게임 그래픽 디자이너

게임 그래픽 디자이너는 캐릭터의 얼굴, 머리 모양, 옷, 무기, 전투가 벌어지는 전장, 아이템 등 게임 화면에 나타나는 모든 시각적 효과를 그래픽으로 표현하는 사람이에요.

맵 제작자

워크래프트같이 전투를 콘셉트로 하는 게임에는 전장이 등장해요. 그것이 맵(map)이에요. 권투 시합이 벌어지는 링(ring)과 비슷합니다. 하나의 게임에도 수많은 맵이 있어요. 우주 혹은 사막이나 섬을 배경으로 하는 맵 등 이런 맵을 만드는 사람을 맵 제작자라 불러요.

게임 프로그래머

게임 시나리오 작가가 스토리를 완성하고, 사운드 크리에이터와 그래픽 디자이너가 음악과 그래픽을 만들면 이제 이를 토대로 게임을 프로그래밍해야 해요. 구체적으로는 게임이라는 하나의 응용 소프트웨어를 개발하는 것이지요. 이들을 게임 프로그래머라 부릅니다.

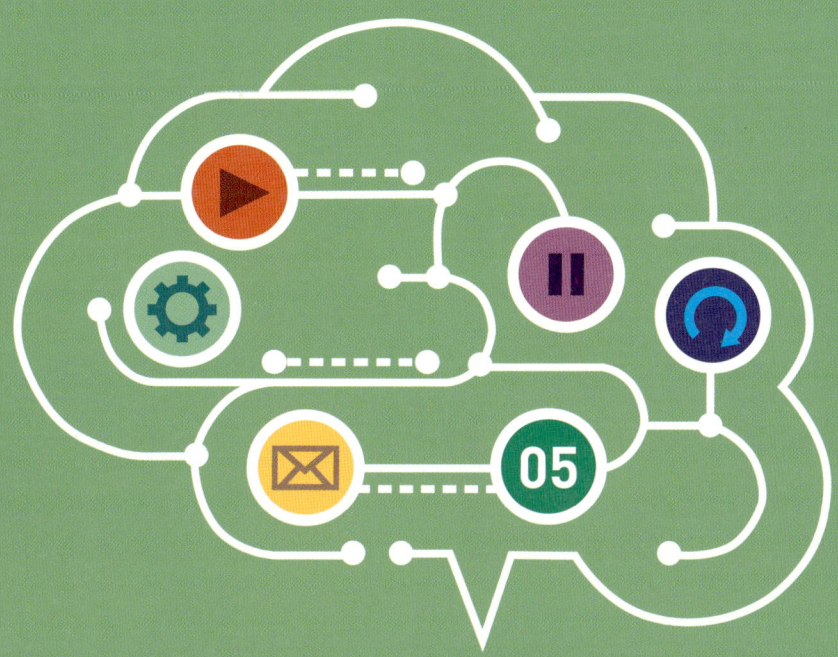

그래서
게임이
해롭다고, 이롭다고?

게임 중독 논란은 현재 진행형
한번 시작하면 적당히가 없지, 그게 바로 중독이야!

2013년 국회는 게임 중독법을 통과시켰습니다. 확실히 게임은 한번 빠지면 시간 가는 줄 모르는 중독성이 있습니다. 반대로, 중독성 없는 게임은 제작사 입장에서는 실패작입니다. 재미가 없다는 뜻이니까요.

게임 제작사들은 게임 요소요소에 게임에 빠질 만한 장치와 요소를 삽입합니다. 단계를 통과하면 보상으로 아이템을 지급하고, 능력치를 올려 주고, 레벨 업을 해 주고, 심지어 유저들끼리 경쟁심을 자극하게끔 개인 성적과 순위표까지 제공합니다. 이에 게임 참가자들은 현실에서는 쉽게 맛볼 수 없던 성취감과 뿌듯함, 그리고 우월감 등의 감정을 가상 세계에서 체험하며 쾌감을 느낍니다.

많은 교육 전문가들은 청소년의 게임 중독이 학교생활 부적응과 교우 관계 단절, 가족과 불화, 그리고 현실 도피를 유발한다고 주장합니다.

2019년 세계 보건 기구(WHO)는 게임을 세계 질병의 하나로 분류했습니다. 그러자 미국 정신 의학회는 게임 중독이 질병이라는 증거가 부족하므로 이를 질병으로 인정할 수는 없다고 반발했지요. 게임 중독에 대한 논란은 현재 진행형입니다.

나도 게임 중독일까? 그래서 준비했습니다.
게임 중독 진단표

- 아래 9가지 증상 중 5가지가 12개월 이상 지속되는 경우 게임 중독을 의심해 볼 수 있습니다.

① 게임이 일상생활에서 가장 중요하다.

② 짜증, 화, 슬픔 등 금단 현상이 나타난다.

③ 게임하는 시간이 지속해서 증가한다.

④ 게임 통제에 실패한다.

⑤ 기존의 취미, 놀이에 대한 관심이 사라진다.

⑥ 본인에게 문제가 있음을 아는데도 게임을 과도하게 한다.

⑦ 가족 혹은 상담사에게 거짓말을 한다.

⑧ 무기력, 죄책감, 짜증 등을 해소하기 위해 게임을 한다.

⑨ 게임 때문에 학업, 직장, 사회관계에 위기가 찾아온다.

게임 규제 논란도 현재 진행형
의젓한 한국 청소년들은 12시가 되면 게임을 하지 않아.

2012년, 스타크래프트II 한국 대표 선발전에서 한 게이머가 시합 도중 돌연 게임을 중단했습니다. 트위치(twitch)로 시합을 지켜보던 외국인들은 어리둥절했지요.

"어? 저 선수는 왜 갑자기 게임을 포기한 거야?"

"그러게, 전혀 불리한 상황이 아니었는데."

바로 셧다운(Shut down) 제도 때문이었습니다. 시합을 포기한 게이머는 16세 미성년자였고, 셧다운 제도에 따르면 미성년자는 자정부터 다음날 아침 6시까지 온라인 게임을 할 수 없어요. 12시가 가까워지자 소년은 별 수 없이 게임을 포기했고 대표 선발전에서 탈락했어요. 셧다운 제도란 걸 들어본 적 없는 외국인들은 충격을 받았지요.

셧다운 제도를 찬성하는 쪽은 이 제도가 청소년을 게임 중독으로부터 보호하는 최소한의 장치이고, 모바일 게임까지 확대되어야 한다고 주장합니다. 반면 반대하는 측은 정부가 나서서 게임 시간까지 규제하는 것은 지나친 처사이고 기본권 침해라고 반발합니다.

게임 산업에 종사하는 사람들은 이 제도가 게임 산업을 위축시킨다며 강력히 반대하고 있고요. 게임 규제에 대한 논란 역시 현재 진행형입니다.

2019년 3월, 뉴질랜드에서 한 남성이 이슬람 사원에 총기를 난사하여 체포되는 사건이 벌어졌다. 이 사건으로 수십 명이 죽거나 다쳤다. 체포된 남자가 기자들에게 '포트나이트(FORTNITE)가 나를 킬러(killer)로 만들었다!'고 했다. 포트나이트는 총을 쏘는 슈팅 게임이다. 물론, 범인의 말처럼 그저 게임을 많이 해서 살인자가 된 거라고 단정 지을 수는 없다. 하지만 결코 간과해서는 안 될 문제이기도 하다.

게임이 정말 사람을 폭력적으로 만드는지에 대해서는 아직 논쟁 중이다. 이 결론에 따라 게임 규제에 대한 논의도 달라질 것이다. 우리도 신중하게 판단할 필요가 있다.

게임을 활용한 교육
핀란드 아이들의 행복한 교실, 게임으로 공부하기

2014년 OECD(경제협력개발기구)가 발표한 국제 학생 평가에서 핀란드가 학생 수학 점수 1위를 차지했습니다. 핀란드 부모들은 아이가 초등학생이 되기 전에는 실컷 놀게 한다고 해요. 그냥 노는 것이 아니라 다양한 도구를 이용해 사물에 대한 이해력을 기르고 상상력을 발휘할 수 있도록 한다고 합니다. 놀이가 곧 공부인 셈이지요.

학교에서는 게임도 학습 도구로 적극 활용하고 있어요. 학생들이 '무인도에서 생존하기'라는 온라인 게임에 접속합니다. 구조대가 올 때까지 무인도의 자연 환경을 활용해 농사도 짓고, 물고기도 잡고, 사냥도 하면서 생존하는 것이 이 게임의 콘셉트예요. 수확한 곡물과 사냥으로 잡은 짐승은 포인트로 차곡차곡 적립되고, 이 포인트를 활용해 우체국을 짓고, 도로를 닦을 수도 있어요. 동심과 배려심을 기르고 공동체의 가치를 체득하는 것이 이 게임의 목적이지요. 이외에도 환경, 과학, 역사를 가르칠 때 핀란드 학교에서는 게임을 적극 활용하고 있습니다.

교과서에 밑줄을 긋고 달달 외우는 주입식 교육은 솔직히 재미가 없어요. 오직 시험 때문에 머릿속에 억지로 욱여넣은 지식은 시험이 끝나면 이내 사라집니다. 하지만 게임을 통해 즐겁게 익힌 지식은 오랫동안 머리에 남아요. 만화를 학습에 이용하는 것과 같은 이치입니다. 이러한 게임을 통한 교육을 게임 리터러시(Literacy)라고 부릅니다.

    리터러시란 글을 읽고 쓸 줄 아는 능력을 뜻하는 단어예요. 게임 리터러시는 게임이라는 도구를 이용해 지식을 습득하고 창의성과 소통 능력을 기르는 것을 말하며 오늘날 여러 나라의 교육 현장에서 이용되고 있습니다.

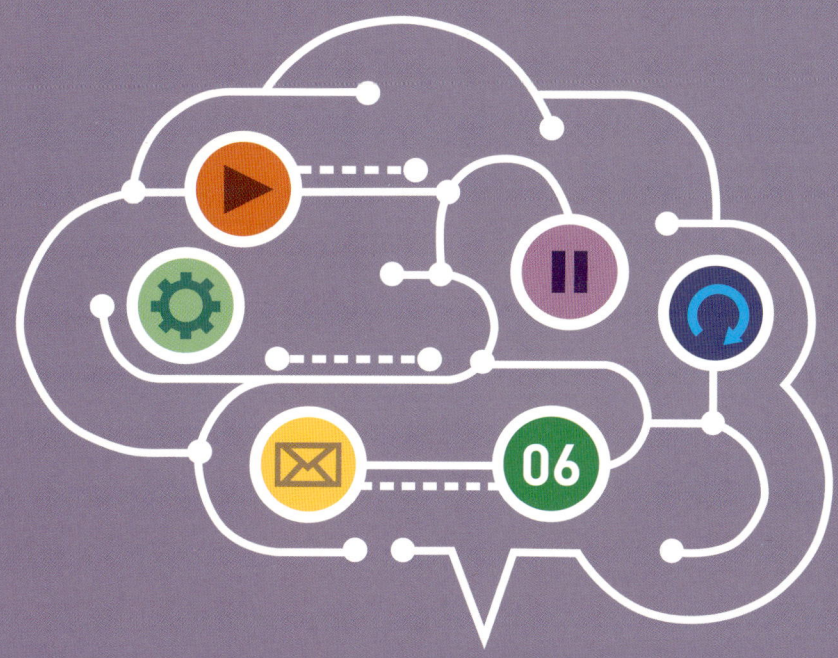

결국
e스포츠가
스포츠야, 아니야?

스포츠란 무엇일까?
재미있긴 한데 스포츠로 인정하고 싶지는 않다고?

야구, 레슬링, 마라톤 등이 우리가 스포츠라 부르는 종목들이야. '활발한 신체 활동을 통해 승부를 가리는' 거지. 근데 얌전히 앉아 두 손만 깔딱거리는 게임을 스포츠라 부를 수 있을까?

  사실 스포츠는 시대에 따라 의미가 조금씩 달랐어요. 예를 들어 15세기 중반 유럽인들이 생각한 스포츠는 기분 전환, 혹은 여가의 의미였습니다. 그때는 사냥이나 놀이도 스포츠였지만 근대 이후 제도화되면서 '활발한 신체 활동'이라는 뜻으로 정착되었어요.

  미국의 뇌 과학자 마커스 라이크는 "사람 몸무게의 2퍼센트에 불과한 뇌 신경 세포가 가장 많은 칼로리를 소모한다."고 말했습니다. 바둑이나 게임은 전통 스포츠만큼 근육 사용량이 많진 않지만 이 역시 상당한 체력과 정신력이 필요합니다.

  스포츠를 규정하는 요소에는 경쟁과 규칙도 있습니다. 분명 게임은

이 두 가지 요소를 충족합니다. 승부를 겨루는 대회가 있고 규정이 있으며 규정을 해석하는 심판도 있습니다. 겉모습만 보면 여느 스포츠와 다를 바가 없습니다.

정보 기술의 발달과 게임 산업의 급성장, 그리고 프로 게이머라는 새로운 직업군까지 탄생한 시대의 흐름을 반영하여 게임을 스포츠로 인정하면 어떨까요? 아니면 IOC의 주장대로 게임은 게임의 영역에만 머무르는 게 맞는 걸까요? 이 논란은 지금도 진행 중입니다.

e스포츠가 해결해야 할 과제
유행을 타고 돈을 내야 하는 게임이 진정한 스포츠가 되려면······.

e스포츠가 스포츠로 인정받기 위해 해결해야 할 숙제가 있습니다. 올림픽 종목 중에는 역사가 오래된 운동 경기가 많습니다. 특히 수영, 육상, 체조, 역도, 레슬링 등은 1회 대회부터 채택된 종목입니다. 올림픽이라는 학교에 120년 이상 개근 중인 모범생인 것입니다. 생명력이 길다는 건 그만큼 많은 사람들이 꾸준히 그 스포츠를 즐기고 잠재 선수층도 두텁다는 의미입니다.

그에 비해 게임은 생명력이 대단히 짧습니다. 게임의 평균 수명은 약 3년, 인기 있는 게임도 5년이 지나면 쏟아지는 신작 게임에 밀려 잊히는 게 보통입니다. 이런 제약 때문에 e스포츠는 국제 대회마다 수시로 종목을 교체해야 합니다. 2020년을 기준으로 하면 '리그 오브 레전드'가 최고의 게임이지만 언제까지 인기가 지속될지 누구도 장담할 수 없습니다. 아니, 당장 내년부터 e스포츠 종목에서 '롤'이 빠진다고 해도 이상하지 않습니다.

하지만 올림픽은 다릅니다. 탈락하는 종목도 더러 있지만 거의 대부분은 일단 정식 종목으로 채택되면 끝까지 갑니다. 이런 종목의 연속성

문제를 게임은 어떻게 해결할 수 있을까요?

또한 전통 스포츠는 그 종목을 운영하는 기구가 있고, 그 위에는 IOC가 있습니다. 이런 기구들은 대회 개최를 결정하고 규칙을 제정하고 스포츠맨십에 어긋난 행동을 한 선수에게는 징계를 내릴 권한까지 갖고 있습니다.

e스포츠도 나라마다 협회가 있고 IOC와 비슷한 국제 e스포츠 연맹이 있습니다. 그러나 e스포츠를 실제로 좌지우지하는 집단은 해당 게임을 개발한 게임 제작사예요. 게임 제작사는 게임의 규칙을 결정할 뿐만 아니라 임의로 게임을 수정(이를 패치, patch라고 부름)하기도 합니다. 심지어 게임 대회를 열기 위해서는 해당 게임 제작사에 사용료를 지불해야 합니다.

전통 스포츠는 이런 문제에서 자유롭습니다. 가령 축구의 종주국은 영국이지만, 어떤 영국인이 언제 만들었는지는 아무도 몰라요. 그래서 사용료라는 개념이 존재하지 않습니다. 설령 최초 개발자가 존재한다 해도 그 사람에게 돈을 내지는 않아요. 스포츠는 모든 사람들이 자유롭게, 무료로 사용할 수 있는 대상으로 간주되기 때문입니다. 이를 좀 어려운 말로 '공공재(공공의 재산)'라고 부릅니다. 경찰이나 공원이 대표적인 공공재예요. 집에 도둑이 들었을 때 사람들이 경찰을 돈 주고 부르지는 않잖아요? 물론 공원을 산책할 때도 입장료를 내지 않습니다.

스포츠가 공공재인 이유는 IOC와 같은 단체들이 돈벌이를 목적으로 하지 않기 때문이에요. 이를 '비영리 단체'라고 부릅니다.

　그렇지만 게임은 다릅니다. 게임 제작사는 영리 기업입니다. 게임 제작사에게 게임은 높은 이익을 기대하는 상품입니다. 만일 게임이 올림픽 정식 종목으로 채택되면 추구하는 가치가 확연히 다른 두 집단이 충돌할 거예요. 게임 제작사는 사용료를 요구할 테고 스포츠는 돈벌이가 아니라고(이를 '아마추어리즘'이라고 부름) 믿는 IOC는 이를 거절하겠지요.

이런 여러 가지 이유 때문에 e스포츠가 전통 스포츠로 인정받으려면 현재 당면한 여러 과제를 해결하고 긍정적인 분위기를 만들 시간이 필요해요.

e스포츠를 대하는 우리의 자세
다 함께 건전하고 즐겁게 게임을 즐겨 보자!

　1982년, 윌리엄 깁슨이 새로운 미래를 예언한 소설 『뉴로맨서』를 발표했습니다. 소설에는 컴퓨터끼리 연결된 가상의 공간이 등장하는데, 깁슨은 이를 사이버스페이스(cyber space)라 이름 붙였어요. 깁슨에게 영감을 준 것은 게임이었습니다. 아이들이 비디오 게임하는 것을 보다가 불현듯 컴퓨터 너머 어딘가에 우리가 아직 알지 못하는 우주가 있을 거라는 예감에 이 소설을 썼다고 합니다. 깁슨이 만든 신조어 '사이버스페이스'는 현실이 되었어요. 그 가상의 공간에서 컴퓨터 게임이 탄생했고, 프로 게이머를 비롯한 다양한 직업군이 만들어졌으며, 기업들이 군침을 흘리는 부가가치 높은 상품이 되었습니다.

　그러나 어떤 어른들은 게임이 청소년들에게 미치는 악영향을 우려합니다. 게임을 문화로 받아들이기를 주저합니다. 게임은 게임일 뿐 스포츠가 될 수 없다고 생각합니다. 여러분의 의견은 어떤가요? 어른들이란, 정말 고리타분하다고 생각하나요?

　게임은 50년이라는 단기간에 급성장했어요. 앞으로도 질주는 계속될 것이고 속도도 늦춰지지 않을 기세예요. 하지만 급히 먹는 밥이 체한다는 말이 있어요. 어른들은 과속을 우려해 브레이크를 밟아 주고 있는 것이랍니다.

전문가들은 게임 산업의 잠재력이 무궁무진하며, 게임의 사회적 위상은 높아지고 역할도 커질 거라 예상합니다. 그러기 위해서는 정치인, 행정가 그리고 부모님과 우리 친구들의 노력도 필요해요. 게다가 요즘 코로나19로 인해 우리 친구들이 또래들과 마음대로 뛰놀지도 못하고 집에 있는 시간이 많아졌어요. 이런 때에 무조건 게임을 하지 못하게 감시하고 규제하는 것만이 능사는 아닐 거예요. 어른들도 게임에 대한 색안경을 벗고, 게임이 아이들의 건전한 여가 활동 중 하나가 될 수 있다고 생각해 보면 좋을 것 같아요. 가족이 함께 소통하며 건전하고 즐거운 방법으로 게임을 해 보는 건 어떨까요?

물론 우리 친구들도 어른들이 걱정하는 부분을 이해하고, 게임에 너무 빠져서 공부를 게을리하거나 늦게까지 잠을 자지 않으면 안 되겠지요? 스스로 내가 게임 중독은 아닌지 틈틈이 돌아보고, 정해진 시간만 게임을 하도록 규칙을 정해서 지키고 자제하는 자세가 필요해요. 게임은 내일도 할 수 있으니까요. 당연히 사행성 게임은 멀리 해야 하고요.

앞에서 보아 온 게임의 역사와 발전 모습을 기억하고, 앞으로 게임이 우리에게, 이 사회에 어떤 위치를 차지할지, 내가 그 안에서 할 수 있는 일은 무엇일지, 한번쯤 진지하게 생각해 보는 기회를 가져 보면 좋겠습니다.

참고 자료

[서적]

이동연,『게임의 문화 코드』, 이매진, 2012

이상호, 황옥철 공저,『e스포츠의 학문적 이해』, 부크크, 2019

임요환,『나만큼 미쳐봐』, 북로드, 2004

홍진호 외 4인,『프로게이머 어떻게 되었을까?』, 캠퍼스멘토, 2015

[보고서]

게임문화재단,「청소년과 게임 문화 어떻게 볼 것인가」

KB경영연구소,「e스포츠, 성장할 수 밖에 없는 미래 시장」

한국콘텐츠진흥원,「e스포츠 기본이념과 사회문화적 가치조명」

한국콘텐츠진흥원,「2008 대한민국 게임 백서」

한국콘텐츠진흥원,「2019 대한민국 게임 백서」

2021년 1월 7일 1판 1쇄
2023년 4월 28일 1판 3쇄

글쓴이 김성호 | 그린이 이경석

편집 최일주, 이혜정, 김인혜 | 디자인 정수연
제작 박흥기 | 마케팅 이병규, 양현범, 이장열, 김지원 | 홍보 조민희 | 인쇄 코리아피앤피 | 제책 J&D바인텍

펴낸이 강맑실 | 펴낸곳 (주)사계절출판사 | 등록 제406-2003-034호
주소 (우)10881 경기도 파주시 회동길 252
전화 031)955-8588, 8558 | 전송 마케팅부 031)955-8595, 편집부 031)955-8596
홈페이지 www.sakyejul.net | 전자우편 skj@sakyejul.com | 블로그 blog.naver.com/skjmail
페이스북 facebook.com/sakyejulkid | 인스타그램 instagram.com/sakyejulkid

ⓒ 김성호, 이경석 2021

값은 뒤표지에 적혀 있습니다. 잘못 만든 책은 구입하신 서점에서 바꾸어 드립니다.
사계절출판사는 성장의 의미를 생각합니다. 사계절출판사는 독자 여러분의 의견에 늘 귀 기울이고 있습니다.
이 책은 저작권법에 따라 보호받는 저작물이므로 무단 전재와 무단 복제를 금합니다.

ISBN 979-11-6094-698-7 73330
ISBN 978-89-5828-770-4(세트)